통영은 맛있다

자다가도 일어나
바다로 가고 싶은 곳

통영은 맛있다
자다가도 일어나 바다로 가고 싶은 곳

발행일 초판 1쇄 2013년 7월 10일
초판 4쇄 2018년 1월 17일

지은이 강제윤 · 이상희
펴낸이 임후남

펴낸곳 생각을담는집
주소 경기도 광주시 오포읍 머루숯길 81번길 33
전화 070-8274-8587
전자우편 mindprinting@hanmali.net

디자인 ALL design group
인쇄 올인피앤비
제본 경문제책

* 책값은 뒤표지에 있습니다.
* 잘못 만들어진 책은 구입하신 곳에서 교환해 드립니다.

국립중앙도서관 출판시도서목록(CIP)

통영은 맛있다 : 자다가도 일어나 바다로 가고 싶은 곳 /
글: 강제윤 ; 사진: 이상희. — [서울] : 생각을담는집, 2
013
   p. ; cm
   ISBN 978-89-94961-27-7 03910 : ₩16000
국내 여행[國內旅行]
통영[統營]
981.18802-KDC5
915.19-DDC21   CIP2013009216

통영은 맛있다

자다가도 일어나
바다로 가고 싶은 곳

글 강제윤 사진 이상희

통영 미륵도 앞바다의 일몰 ©이상희

선계가 있다면 여기가 아닐까! ⓒ이상희

Contents

PROLOGUE
통영은 경상도가 아니다! …… 012

Tongyoung

우리 안의 미래, 동피랑

1 할머니 바리스타가 커피를 내려주는 벽화마을 …… 020
2 차가운 철이 달군 철을 자른다 …… 040
3 할아버지의 요술통 …… 050
4 강구안에 용왕굿이 열리던 날 저녁 …… 054
5 팔만대장경을 보호한 천년의 칠, 옻칠 …… 062

2
Tongyoung

생의 허기를 달래주다

1 야생의 맛을 찾아주는 보물창고, 통영 오일장 …… 070
2 생의 허기를 달래주는 새벽시장 시락국 한 그릇 …… 078
3 충무김밥, 원조는 없다! …… 086
4 꿀빵에는 꿀이 없다 …… 090
5 해산물 요리의 알파와 오메가, 통영 다찌 …… 096
6 중앙시장 생선회에 대한 명상 …… 106

3
Tongyoung

정신줄을 놓게 하는 맛

1 도다리쑥국 향내에 짙어가는 통영의 봄 …… 128
2 5월 멍게는 새 며느리한테도 안 준다! …… 136
3 천계의 옥찬, 마계의 기미 통영 복국 …… 146
4 마시멜로처럼 꼬깃꼬깃한 맛, 연탄불 꼼장어구이 …… 158
5 카사노바와 큰 스님도 즐기던 겨울의 맛, 굴 …… 164
6 몸의 독기를 빼주는 대구 …… 172
7 술병을 곧잘 고치는 통영 물메기국 …… 178
8 정신줄을 놓게 하는 맛, 바람둥이 물고기 볼락 …… 184

Tongyoung
통영, 사랑에 빠지다

1 백석 시인과 통영, 그 죽일 놈의 사랑 …… 192
2 이중섭, 통영에서 대표작 〈소〉를 그리다 …… 204
3 사랑했으므로 간다와 청마는 행복했을까? …… 212
4 박경리와 통영, 그 애증의 세월 …… 226
5 상처 입은 용, 윤이상 …… 236
6 코발트블루, 다도해 물빛 화가 전혁림 …… 244

Tongyoung
사람의 길이 사람을 만든다

1 봄에 피면 춘백, 겨울에 피어야 동백이다 …… 262
2 통영의 서화담, 도사 백운 선생 …… 270
3 백성을 위한 죄로 파직된 통제사를 추억함 …… 276
4 은하수 물을 끌어와 병장기를 씻다 …… 284
5 사람의 길이 사람을 만든다! …… 300
6 '왜군의 혼을 떠받들기 위해 판' 통영 해저터널 …… 310
7 궁궐 반찬은 줄어도 은혜는 골수까지 흠뻑 배였다 …… 316

prologue

통영은 경상도가 아니다!

경상도 음식은 짜장면도 맛없다는 속설이 있다. 하지만 이 속설을 보기 좋게 깨주는 곳이 있다. 통영이다. 통영은 맛있다. 왜 유독 통영만 맛있을까. 통영은 경상도가 아니기 때문이다. 행정구역은 경상도지만 맛의 유전자는 경상도 혈통이 아니기 때문이다. 이 책은 특별히 빼어난 통영 맛의 근원을 찾아가는 오디세이다. 진즉에 통영의 맛을 누구보다 먼저 알아채고 찬양한 이들도 있었다. 함경도 출신의 시인 백석도 그 중 한 사람이다. 백석은 통영의 맛을 이렇게 노래했다.

바람 맛도 짭짤한 물맛도 짭짤한
전복에 해삼에 도미 가재미의 생선이 좋고
파래에 아개미에 호루기의 젓갈이 좋고
새벽녘의 거리엔 쾅쾅 북이 울고

밤새껏 바다에서 뿡뿡 배가 울고
자다가도 일어나 바다로 가고 싶은 곳이다
〈통영 2〉 중에서

　변방의 소도시지만 통영 사람들의 통영에 대한 자부심은 대단하다. 사람들은 통영을 동양의 나폴리라 부른다. 그만큼 아름다운 항구다. 통영은 또 예향이다. 박경리, 윤이상, 유치환, 김상옥, 전혁림, 김춘수 등 수많은 예술가들을 배출한 곳이다. 게다가 통영은 이순신 장군이 한산해전을 승리로 이끈 구국의 땅이기도 하다. 통영은 300여 년간 삼도수군통제영의 사령부가 있던 군사도시였다. 통영이란 이름도 삼도수군통제영에서 비롯되었다. 그런 역사, 문화적 전통이 통영 사람들의 자부심을 키운 자양분이었을 것이다. 박경리의 《토지》에도 꼬마 아이의 입을 통해 그 자부심이 표출된다.

　"갯가라카지마는 옛날에는 사또보다 높은 수군통제사가 있었던 곳입니다. 지금 우리가 사는 명정리에는 이순신 장군을 모시놓은 사당도 있고요. 저어기 저, 왜놈들을 몰살시킨 판데목도 있고 통영 사람들 콧대가 얼마나 높으다고요? 그래서 왜놈 서장도 보통내기가 와서는 맥도 못춘다 안캅니까?"
　아직도 통영과 충무를 별개의 도시로 생각하는 사람들이 더러 있다.

하지만 통영과 충무는 다르면서도 다르지 않다. 통영의 일부가 한때 충무였던 때가 있었다. 본래 하나였으나 1955년 통영군 통영읍이 충무시로 승격되면서 통영은 충무시와 통영군 둘로 나뉘었다. 1995년 충무시와 통영군의 통합으로 충무란 이름은 사라지고 통영시만 남았다. 통영이 다시 하나가 된 것이다. 면적 239.17㎢, 인구 14만. 통영은 570개 면적 1㎡ 이상의 섬이 있는 섬나라이기도 하다.

통영은 미항이고 예향인 동시에 멋과 맛의 고장이다. 멋은 맛에서 왔다. 맛이란 물산이 풍부할 때 생길 수 있는 것이다. 배를 채우기에도 급급하다면 맛 같은 거 따질 여력이 없다. 척박한 지역일수록 음식이 맛없는 것은 그 때문이다. 풍요로워야 맛이 생기고 마침내는 음식에 멋까지 부리게 된다. 그렇게 문화가 시작되는 것이다. 통영은 풍요로운 땅이다. 그래서 통영의 음식은 각별히 맛있다.

통영의 바다는 사철 풍성하다. 서해바다는 겨울이면 텅 빈다. 대부분의 어류들이 추위를 피해 남쪽 바다로 떠나거나 동면에 들어 깊은 바다 속으로 숨어버리기 때문이다. 동해는 어종이 단순하다. 하지만 남해 바다는 겨울이야말로 제철이다. 동서남해 모든 바다의 어류들이 모여드는 까닭이다. 그 남해에서도 통영은 가장 많은 해산물들의 집산지다.

통영의 맛은 어느 한 지역의 맛이 아니라 삼도수군통제영의 관할이던 전라, 충청, 경상 삼도 해안지방의 맛이 어우러져 탄생된 보편적인 맛이다. 통영에서는 흔히 통영 음식이 다른 지역에 비해 특별히 맛있는 이유

최고의 풍경을 자랑하는 통영은 미항이고 예향인 동시에 맛의 고장이다. ⓒ이상희

를 궁중 음식의 전래와 연관시키려고 한다. 조정에서 파견된 통제영의 관리들이 궁중에서 맛본 음식의 요리법들을 통영으로 가져와서 그것이 전승됐다는 것이다.

물론 그 영향도 적지 않을 것이다. 하지만 통영 음식의 맛은 그것만으로 설명될 수 없다. 중앙의 고급관리들이 파견된 곳은 통영만이 아니기 때문이다. 관찰사가 있던 도시들의 음식이 다들 통영처럼 맛있다고 할 수 있을까?

그렇지 않다. 맛의 고장 전주의 음식 문화가 발달한 것은 인근에 김제 만경 평야라는 큰 들녘과 풍요로운 갯벌이 있었기 때문이고 통영 음식 문화의 발전 또한 조선에서 가장 상업 활동이 활발했던 통영의 물적 기반과 남해바다의 풍부한 해산물이 있었기에 가능했다. 육로보다 수로 교통이 활발했던 과거에 수군 사령부인 통영으로 각지의 물산과 문화가 자유롭고 활발하게 유입되었다. 통영은 경상도라 할 수 없었다. 삼도수군통제영의 관할이던 경상, 전라, 충청 해안 지방이 하나로 묶인 '특별자치구역'이었다. 풍부한 식재료와 여러 지방의 음식 문화가 하나로 융합되어 통영의 음식 문화가 발전했다. 통영이 경상도 타 지역과는 차원이 다른 뛰어난 음식 문화를 형성할 수 있었던 역사적 배경이다.

일제시대와 해방 이후에도 통영은 남해안 수산업의 중심지였다. 전라도에는 '여수 가서 돈 자랑 하지 마'란 말이 있듯이 경상도에는 '통영 가서 돈 자랑하지 마라' 속담이 있다. 보통 한 선주가 거느린 식솔이 100명이 넘을 정도로 수산업의 규모가 컸다. 수산업으로 그만큼 호황을 누렸고 물산이 풍부했다. 음식 문화가 계속 발전할 수 있는 토대가 있었던 것이다.

통영을 아는 사람들 중에서도 통영이 맛의 고장이라는 사실을 아는 사람은 많지 않다. 맛에 관한 한 통영은 경상도가 아니다. 경상도의 전주다. 여행은 추억이고 음식도 추억이다. 좋은 음식은 좋은 추억을 남기고 나쁜 음식은 나쁜 추억을 남긴다. 풍경이 좋아도 음식이 나쁘면 다시 가고 싶지 않지만 풍경이 보잘 것 없어도 음식이 좋으면 자꾸 가고 싶어진다. 하물며 통영은 풍경이 좋은 데다 음식까지 좋으니 이를 어찌할까!

통영 출신의 소설가 박경리 선생도 소설 《토지》에서 '해류 관계인지 통영의 해산물은 천하일미를 자랑한다'고 예찬했듯이 통영의 해산물 음식은 특별하다. 이제부터 시작할 이야기들은 통영 해산물 음식의 뛰어난 맛에 대한 탐식기인 동시에 그 맛에서 시작된 통영의 멋, 통영의 문화에 대한 기록이기도 하다. 맛있는 통영, 멋있는 통영. 여행자라면 누구나 통영의 맛과 멋에 깊이 중독되고 말 것이다.

2013. 6. 통영 동피랑에서
강 제윤

Tongyoung

Tongyoung

우리 안의 미래,
동피랑

이곳에서는 매일이 여행이고 매일 밤이 스카이라운지다. 낮이면 강구안 바다로 드나드는 배들을 보며 나도 어디론가 떠난다. 밤이면 통영의 밤바다와 야경에 흠뻑 취한다. 어찌 단 하루도 떠나지 않을 수가 있으며 어찌 단 하루라도 취하지 않을 수 있겠는가.

Tongyoung

할머니 바리스타가
커피를 내려주는 벽화마을

"몬당서 채리보이
토영항 갱치가
쥑 이 네 "

"동피랑 몰랑이 영 멋지게 되부렀다."

동피랑에 사시는 할머니 말씀이다. 몰랑은 언덕의 통영어다. 몬당이라고도 한다. 통영은 아직도 전래의 통영말들이 많이 남아 있는 언어의 보고다. 통영에는 어떤 사람이 통영 사람인지 아닌지를 구분하는 방법이 있다. 통영을 통영이라 부르면 그는 통영 사람이 아니다. '토영'이나 '퇴영'이라 해야 진짜 통영 사람이다. '뜨거운 양철지붕 위의 고양이'를 통영말로 번역하면 어떻게 될까. '따신 도단 지붕 위의 앵구'다. 통영은 말도 맛있다.

통영에도 '토영 이야길'이라는 걷기 길이 있다. 이야길의 이야는 이야기의 오기가 아니다. 이야는 누나를 뜻한다. 하지만 모든 손위 누이가 이야는 아니다. 누이가 여럿일 때 가장 큰 누이는 이야라 하지 않는다. 그냥 누님이다. 바로 손위 누이처럼 가까운 누나를 이야라 한다. 통영예총 유용문 사무국장의 고증이다.

통영 하면 '사랑하는 것은 사랑을 받느니보다 행복하나니라'로 시작되는 청마의 행복이란 시가 떠오르는 사람들이 많을 것이다.

오늘도 나는 에메랄드 빛 하늘이 환히 내다뵈는
우체국 창문 앞에 와서 너에게 편지를 쓴다

청마가 통영 중앙우체국 창문 앞에서 그의 연인 정운 이영도에게 썼던 편지는 편지가 아니다. '펜주'다.

동피랑 벽화마을로 올라가는 입구에는 통영말과 서울말을 비교해서 써놓은 안내판이 세워져 있다. 그중에 재미있는 글 몇 개를 옮겨본다.

"쌔기 오이소! 동피랑 몬당꺼저 온다꼬 욕봤지예! 짜다리 벨볼끼 엄서도 모실 댕기드끼 어정거리다 가이소."

무슨 말인지 알아듣겠는가? 제주말 만큼이나 어렵다. 이걸 서울말로 풀어보면 이렇다.

"어서 오세요. 동피랑 언덕까지 오신다고 수고하셨습니다. 별 볼거리가 없어도 마실 다니듯이 천천히 둘러보세요."

"우와, 몬당서 채리보이 토영항 갱치가 쥑이네."

몬당이 언덕인 줄 알았으니 이건 무슨 소린지 대충 감을 잡을 수 있을 것이다.

"와, 언덕에서 바라보니 통영항 경치가 정말 최고네."

"이야, 내는 요새 도이 없으나이 잠바 개춤도 빵꾸가 나고, 자꾸도 고장이고 만날 천날 추리닝 추봉에 난닝구 바람으로 나 댕긴다 아이가."

이야는 누나라 했겠다.

"누나, 나는 요즘 돈이 없으니 점퍼 주머니도 구멍이 나고, 지퍼도 고장이고 매일 런닝 바람으로 다니는 거야."

"기림을 온 베르빡에 기리노이 볼게 쌔빗네."

이걸 서울말로 옮기면 "그림을 온통 벽에 그려놓으니 볼 것이 많네."가 된다. 어떤가? 통영말 재밌지 않은가.

사투리는 없다!

원래 지역의 토속어들은 다들 통영말이나 제주말처럼 재미있다. 그걸 사투리라고 쓰지 못하게 하고 서울이라는 특정 지방말을 표준어라는 이름으로 강요하는 이 나라의 언어 정책이 과연 옳은 것일까. 몇 개 더 보자

"속이 재리서 문디가 될라카다가도 저게, 뻥 뚫린 강구안을 채리 보모 분이 써언하이 가라앉고 오곰재이 오글거리고 살아도 내 구석이 좋

은기라."

이건 "속이 상해서 문드러지다가도 저기 뻥 뚫린 강구안을 보면 화가 시원하게 가라앉고 그러지. 그러니까 다리를 오므릴 정도의 작은 방이라도 내가 사는 이곳이 좋은 거야."

마지막으로 하나만 더.

"무십아라! 사진기 매고 오모 다가와 넘의 집 밴소깐꺼지 디리대고 그라노? 내사마 여름내도록 할딱 벗고 살다가 요새는 사진기 무섭아 껍딱도 몬 벗고, 고마 덥어 죽는 줄 알았능기라."

이건 "뭐서워라. 사진기 매고 오면 다예요. 왜 남의 집 화장실까지 들여다보고 그래요? 나는 여름내 옷을 벗고 살다가 사진기 무서워서 옷도 못 벗고 그냥 더워서 죽는 줄 알았다니까요."

어떤가? 밋밋한 서울말보다 훨씬 맛깔스럽지 않은가. 오래된 여러 지방말들을 없애 버리고 언어를 단순화시키는 것은 문화의 다양성을 말살하는 행위다. 지방말들을 살리는 일이야말로 우리의 언어를 풍요롭게 살찌우는 토대가 아닐까.

술이 없이도 취하고 매일매일이 여행인 마을

나그네는 2011년 3월부터 지금까지 동피랑 마을에 머물고 있다. 벽화가 그려진 집 중의

한 곳이 나그네가 사는 집이다. 그렇다고 나그네의 집은 아니다. 잠깐 빌려 사는 집이다. 통영시에서는 동피랑의 빈 집 몇 채를 고쳐 글을 쓰거나 그림을 그리는 예술가들에게 작업실로 빌려 주고 있다. 언젠가 꼭 한번쯤 통영에 살아봐야지 하는 꿈을 꾸고 있었는데 운 좋게도 꿈이 현실이 됐다. 더구나 통영 중에서도 가장 전망 좋은 동피랑 언덕에. 나그네가 언제든 떠나고 어디든 머물 수 있는 여행자로 살지 않았다면 이런 행운이 주어졌겠는가. 행운이 찾아왔다 한들 이렇게 불쑥 찾아와 살 수 있었겠는가.

이곳에서는 매일이 여행이고 매일 밤이 스카이라운지다. 낮이면 강구안 바다로 드나드는 배들을 보며 어디론가 떠난다. 밤이면 통영의 밤바다와 야경에 흠뻑 취한다. 어찌 단 하루도 떠나지 않을 수가 있으며 어찌 단 하루라도 취하지 않을 수 있겠는가. 의자에 가만히 앉아서도 여행을 하고, 술을 마시지 않고도 취한다. 동피랑 마을은 그런 곳이다.

동피랑은 본래 산이었다. 48.5m의 야산에 불과하지만 동암산東岩山이라는 번듯한 이름까지 가지고 있었다. 동피랑. 통영말 피랑은 벼랑 혹은 비탈이다. 동쪽 벼랑이 곧 동피랑이다. 행정구역상으로는 통영시 정량동과 태평동 일대의 비탈진 언덕 마을이다. 통영의 대표적인 재래시장인 중앙시장 윗마을이기도 하다.

동피랑 마을로 오르는 길은 여러 갈래다. 중앙시장에서 동피랑으로 오르는 샛길도 두 군데나 있다. 자동차가 오를 수 있는 길은 충무데파트 옆길과 나폴리 모텔 옆길 두 길 뿐이다. 하지만 자동차도 동피랑 꼭대기까지는 오르지 못한다.

동피랑 중턱에서부터는 누구든 걸어 올라야 한다. 자동차의 속박으로부터 벗어날 수 있게 해주는 고마운 골목길이다. 동피랑은 오랜 세월 가난한 사람들이 살아온 동네다. 지금이라고 다를까. 동피랑의 집들은 대부분 10평 내외의 작은 주택들이다. 방이 2개인 집도 많고 개중에는 하나뿐인 오두막도 있다.

골목의 어떤 집에서는 저녁마다 군불을 지펴 난방을 하기도 한다. 통영을 무대로 한 박경리의 소설 《파시》에도 동피랑이 등장한다. 악당 서영래 밑에서 밀수 일을 하던 서울댁의 동생 문성재가 봉화 여자 선애와 살림을 살던 집이 동피랑 언덕에 있었다.

시간 여행자의 통로 옛 골목

강구안 쪽 중앙시장에서 동피랑 오르는 길은 네 곳이다. 홍상수 감독의 영화 〈하하하〉에 나왔던 나폴리 모텔 옆길이 하나이고 충무데파트 옆길이 또 하나. 이 둘은 사람과 자동차가 함께 다닐 수 있는 길이다. 그래서 이 길은 별 재미가 없다. 진짜 동피랑 비탈길을 체험하려면 자동차는 강구안 공영주차장에 주차시켜 놓고 차가 다닐 수 없는 좁은 골목길로 올라야 한다.

강구안 쪽에서 오르는 샛길은 두 개다. 하나는 중앙 활어시장 옆길. 중앙 활어시장 입구로 들어서면 주로 갈치, 고등어, 삼치 등의 선어만 파는 좌판이 있다. 그 오른쪽으로 방향을 틀고 몇 걸음만 가면 왼편으로 좁은 골목이 시작된다. 안정횟집, 등대횟집이 나란히 있다. 등대횟집에는 모형등대가 있으니 찾기가 어렵지 않다. 그 길을 따라서 쭉 오르면 된다. 거기서부터 벽화를 그린 집들이 등장한다.

또 한 길은 강구안쪽 건어물 골목. 이 길은 차도 다니는 길이라 제법 넓다. 건어물뿐만 아니라, 활어와 해산물을 도매로 파는 집들, 야채, 과일가게, 식당, 초장집 등 다양한 점포들이 있는 상가 골목이다. 골목 입구에서 50m쯤 가면 참기름 짜는 고소한 냄새가 풍기는 방앗간이 나온다. 수월참기름집이다. 하지만 간판이 작아 알아보기 어렵다. 그 옆은 토영수산. 토영수산과 수월참기름집 사이 샛길 계단을 오르면 동피랑에 이르게 된다.

최근에는 동피랑 가는 길 안내판이 설치돼 찾기 쉽다. 그 외 정량동쪽이나 태평동쪽 골목길도 있지만 미로처럼 얽힌 골목이라 외지인들이 찾기는 어렵다. 그래도 벽화를 보고 내려갈 때는 어렵지 않다. 그쪽 골목들을 더듬어 내려가면 시간이 멈춰진 듯한 옛날 풍경과 마주할 수 있다. 진짜 골목이 살아 있다. 거기에는 간판도 없이 술과 담배, 과자 몇 봉지 쌓아놓고 파는 진짜 점방도 있다. 이 점방이야말로 살아 있는 문화재가 아닌가! 타임머신이 없어도 이미 시간여행이 시작된 것이다.

붓 한 자루로 우주선을 띄우고

　　　　　　　　　　　　::::::

개발이란 이름으로 원주민들을 쫓아낼 권리가 대체 누구에게 있는 것일까. 하지만 이 나라 곳곳에서는 그런 무자비한 폭력이 일상화되어 있다. 그러나 통영은 다른 길을 선택했다. 2007년 통영시에서도 동피랑 재개발 계획을 세웠었다. 동피랑 꼭대기에는 옛날 통영성의 세 망루 중 하나였던 동포루 터가 있다. 시에서는 동피랑 마을을 전부 철거한 뒤 동포루를 복원하고 그 일대를 공원으로 만들 계획이었다.

그때 오래된 마을과 골목, 삶의 흔적들이 사라져 버리는 것을 안타깝게 생각한 지방의제 추진기구 '푸른 통영 21'에서 재개발 대신 보존을 제안했다. 마을을 무작정 철거하기보다는 "지역의 역사와 서민들의 삶이 녹아 있는 독특한 골목 문화로 재조명해보자."고 시를 설득했다. 오래되고 낡은 마을과 골목길 또한 소중히 보존해야 할 문화재라 판단한 것이다. 사실 이런 오래된 마을이야말로 진정 살아 있는 문화재가 아닌가. 대부분 고령인 동피랑 주민들도 마을을 떠나고 싶지 않았다. 정든 마을에서 여생을 보내고 싶었다.

다행히 주민들과 시민단체, 통영시가 한마음이 됐다. 재개발 계획을 중단하고 마을을 보존하기로 합의한 것이다. 낡은 마을을 새롭게 변신시키기 위해 낡고 갈라진 벽에다 그림을 그리기로 했다. 온 마을에 벽화가 그려지자 죽어 가던 마을이 살아나기 시작했다. 낡은 건물에 생명을 불어넣을 수 있는 것은 재개발이 아니다. 사람들의 손길이다. 전국에서 몰려온 화가와 자원봉사자들의 힘으로 벽화가 완성되자 소문이 꼬리를 물고 이어졌다.

사람들이 벽화와 골목길, 동피랑 언덕 아래 통영 바다 풍경을 보기 위해 구름처럼 몰려들었다. 단지 채색의 옷만 갈아 입혔을 뿐인데, 그림만 그렸을 뿐인데 동피랑은 새롭게 태어났고 어느새 통영의 아이콘이 됐고 랜드마크가 돼버렸다. 누구보다 청년세대의 공감이 뜨겁다. 그들에게는 통영보다 동피랑이 더 유명하다. 더러 통영이 아니라 동피랑에 왔다가 통영을 보고 느끼고 돌아갈 정도다.

통영에 사는 이명윤 시인은 '무서운 용역 대신 눈빛 선한 화가들이 다녀간 동네/ 망치 대신 붓을 들고 세월의 고단함을 철거해 버린 동네'라고 동피랑 벽화마을을 노래했다. 나는 아직 이보다 더 아름답고 절절하게 동피랑을 형상화한 글을 알지 못한다. 약간의 물감과 붓 한 자루만 있으면 사람들은 이 낡은 마을에서 우주선을 띄울 수도 있고 우주선에 양이나 장미꽃을 태울 수도 있다.

또 고목나무에서 화려한 꽃이 피게 할 수도 있다. 외계 행성에 사는 어린 왕자를 불러오거나 현실에서는 결코 돌아가지 못할 유년의 뜨락으로 시간여행을 할 수도 있다. 벽에 그려진 어린 왕자의 손바닥은 시커멓다. 얼마나 많은 사람들이 악수를 청했으면 저렇게 손때가 묻었을까. 천사 날개가 그려진 벽화 앞에 서면 누구나 천사가 된다. 구름 뜬 하늘 그

정겨운 동피랑 골목. 동피랑에는 고래도 산다. ⓒ 이상희

림 앞에서는 누구나 하늘을 날아다닐 수 있다. 물고기들이 헤엄치는 하늘 바다 벽화 앞에서는 다들 풍덩 뛰어들 수도 있다.

동 피 랑
구 판 장 카 페 에
가   면

옛날 동피랑에서는 당산나무 밑에 돼지도 키웠다. 골목은 미로처럼 얽히고설켰다. 비좁은 언덕에 작은 집들이 게딱지처럼 다닥다닥 붙어 있었다. 무당집도 많았고 가난하고 고달픈 인생들이 살았다. 동피랑 아이들은 가난한 동네에 사는 것이 부끄러워 친구들에게 동피랑에 산다는 사실을 숨기기도 했었다. 동피랑은 살고 싶은 마을이 아니라 하루 속히 벗어나고 싶은 비천한 땅이라 여겼다.

동피랑 사람들은 통영의 푸른 바다가 아니라 늘 세병관 부근의 평지만 보고 살았다. 언젠가 저 평평한 땅으로 내려갈 수 있기를 소망한 것이다. 하지만 가난은 쉽게 벗어날 수 없는 굴레였다. 많은 사람들이 이 산동네에서 늙어갔다. 그런 빈곤과 절망의 상징이었던 동피랑이 이제 누구나 한번쯤 살아보고 싶은 희망의 땅으로 새롭게 태어난 것이다.

동피랑 꼭대기에 자리 잡은 구판장은 통영에서 가장 전망 좋은 노천카페다. 카페는 동피랑 사는 할머니들이 운영한다. 할머니 바리스타들은 손자, 손녀 같은 어린 손님들에게 원두커피와 카푸치노, 아이스티, 레몬

에이드 등의 차를 내주고 과일주스와 식혜, 수정과와 미숫가루도 판다. 마을 주민들이 공동으로 운영하는 구판장 앞의 동피랑 점방에서는 다양한 기념품들이 판매된다.

오랜 세월 주민들과 함께해 온 마을 입구의 점방 태인카페나 새로 생긴 벽화슈퍼나 만나꿀빵집 등도 여행자들의 사랑을 듬뿍 받는다. 또 동피랑 마을 이곳저곳에 작은 카페와 가게도 생겨났다. 낡은 집들 한가운데는 동피랑 마을 경로당 건물이 나지막하게 새로 들어섰고 그 건물에는 갤러리가 문을 열어 다양한 전시가 이어진다. 동피랑 갤러리와 점방 등에서 나오는 수익은 주민들을 위해 쓰인다.

숫자를 셋까지밖에 못 세는 이상한 나라 사람들

"어린 왕자다. 스폰지 밥도 있네."
"하나, 둘, 셋."

벽화 앞에서 사진 찍는 소리다. 동피랑 언덕은 종일 하나, 둘, 셋 소리가 그치지 않는다. 마치 숫자를 셋까지밖에 못 세는 이상한 나라에서 온 사람들 같다. 누군가 셋 다음의 숫자를 알아내면 세계의 비밀을 풀 수 있을지도 모른다! 벽화 앞에서 사람들은 그림 속 숨바꼭질하는 소녀가 되기도 하고 어린 왕자와 악수를 하기도 한다.

달동네로 남아 있을 때는 그리도 오르기 싫었을 동쪽 벼랑. 벼랑 끝 인

생들의 마지막 안식처였던 동피랑이 이제는 누구나 오르고 싶어 하는 꿈의 언덕이 됐다. 사람들은 동피랑 언덕에 서면 벽화와 강구안 바다를 향해 일제히 셔터를 누르며 감탄한다. 외국이라면 이런 언덕에는 부자들만 살지 않던가. 최고의 전망을 가진 동네. 동피랑 주민들은 풍경만큼은 최고의 부자가 부럽지 않다.

통영은 풍경이 가장 큰 자산이다. 동피랑 언덕은 통영의 바다와 산과 사람살이의 모습을 가장 가깝게 들여다볼 수 있는 최적의 공간이다. 이런 언덕에는 어떤 구조물도 필요 없다. 여기는 빈 공간이 많을수록 구조물이 적을수록 더 많은 사람이 오를 수 있다. 사람들은 벽화 앞에서 마냥 행복하다. 동심으로 돌아간다는 것은 이를 두고 하는 표현일 것이다.

"진짜 예뻐. 바다가."

더 보탤 것도 없이 아름다운 풍경. 낡은 집들과 오래되고 좁은 골목, 상상력 가득한 벽화와 푸른 바다. 빌딩과 아파트 숲속에 살던 이들에게 동피랑은 이국이다. 외국의 오래된 골목을 걷는 것처럼 동피랑 골목은 이방의 향수를 자극한다.

100년 동안 딱 두 번 화장을 해보신 할머니

2년마다 새로운 벽화를 그리는 까닭에 지금은 그림이 바뀌었지만 동피랑 점방 옆 윤이상 선생의 초상이 그려졌던 집에는 동피랑의 제일 큰 어른이신 엄현업 할머니가 사셨다. 2011년 봄, 마을 주민들은 동피랑 언덕에 모여서 할머니의 100세 생일상을 차려드리고 잔치를 열었다. 할머니는 이날 생애 두 번째 화장을 하셨다. 열여덟 새색시 때 화장해 보고 82년 만에 처음으로 다시 화장을 하신 것이다. 백 살 할머니는 새색시처럼 곱고 수줍었다. 할머니는 백 살을 먹었어도 천상 여자였다.

엄 할머니는 팔순의 며느리 김필수 할머니가 모시고 사신다. 고부간으로 만났지만 이제는 서로 의지하며 사는 친구 같다. 어머니 같고 딸 같다.

"할마니 돌아가시기까지는 내가 모시고 있어야제."

김필수 할머니의 남편은 진즉에 세상을 떴다. 할배는 '우다시 배저인망 어선에다 얼음 대주는 일'을 했었다. 김 할머니는 자식이 없다. 아들 딸 둘을 가졌었는데 큰딸은 열아홉에 저승으로 갔다. 어느 해 머리가 아프다더니 눈이 멀었고 그 길로 이승을 떴다. 아들은 사산했다.

김 할머니 집 벽에 윤이상 선생의 초상이 그려져 있을 때 저분이 누군지 아시느냐고 물었다. 할머니는 '할배'가 누군지 모른다 하셨다.

"딱 보께 할배가 연세 많아서 돌아가싰을기고만."

할머니 집 앞 작은 언덕은 온통 돈나물 밭이다. 할머니는 돈나물을 뜯지 않고 잡초만 뽑아준다. 돈나물은 식용으로 기르는 것이 아니다. 흙이 무너지는 것을 잡아주기 때문에 귀하게 여긴다.

> "부자 할매는
> 안 죽을까
> 싶었는데 때 된께
> 가 빌데"

동피랑 벽화들 중 내게 가장 강렬한 인상을 준 것은 동피랑 뒤편 천사 날개 그림 부근 지붕 없는 폐가의 벽화다. 이 집의 그림들은 어떤 여자 화가가 혼자서 그린 것이라 한다. 입구부터 온갖 꽃들이 그려진 이 집은 마치 비밀의 화원 같다. 언덕의 텃밭에 물을 주러 가는 할머니가 내력을 알려준다.

"노가다 일하던 사람이 여자도 없이 아들 하나, 딸 하나 데리고 살던 집이요."

태풍 때 지붕이 날아가 버리자 사내는 애들을 데리고 이 집을 떠나버렸고 폐가가 되었다. 그림을 그리던 여자는 이 집의 내력을 알았던 것일까. 그림은 더없이 따뜻하고 평화로운 가정의 풍경이다. 여자는 이 집에 살던 사람들의 모습이 아니라 그들이 꾸던 꿈을 그린 것이 아니었을까. 할머니는 동피랑 뒷길 아래 골목에 사신다. 본래 고성에 살았었는데 20년 전 여기 살던 아들이 오라 해서 정착했다.

하지만 아들은 부산으로 전근을 가버리고 지금은 할머니 혼자서 사신다. 시골에서 일하던 버릇이 있어서 그냥 놀려니 좀이 쑤신다. 그래서 동피랑 뒤 묵던 비탈밭을 개간해서 '박도 숭구고 고구마도 숭거 넝쿨도 팔고, 고추랑 배추도 숭겄다.'

할머니는 동피랑에 그려진 그림들이 마음에 드실까.

"우린 그림 그려놔도 가보도 안하요. 잘 몰라요. 어짜다 테리비에 나오면 한테 모아가 나오니까 좋습디다."

지난봄 동무하던 할머니들 몇이 연달아 세상을 뜨고 나서 할머니는 많이 쓸쓸하시다.

"같이 놀던 사람들이 병원 가버리니 적막강산이라. 요 도랑 할매들 다섯이 다 죽어 버렸어. 할매 하나는 부잔데 부자 할매가 왜 죽었는가 싶어. 할매 하나는 배급 타서 살다가 배급 떨어져 어찌 살겠나 싶었는데 그 할매도 가빌고."

가난한 할머니는 돈이 없어 치료를 못 받고 죽었지만 돈도 많은 할머니가 왜 죽었는지 할머니는 잘 이해가 안 간다. 돈만 있으면 병원에서 어떤 병이든지 낫게 해줄 거라고 믿고 계셨던 모양이다.

"돈 많은 할매는 안 죽을까 싶었는데 때가 됀께 가빌데. 집도 좋은 거 가지고 있고 돈도 아주 많았는데."

삶은 공평하지 않다. 그러나 죽음은 공평하다. 할머니는 그것을 몸으로 느끼셨다. 할머니는 무거운 물통을 두 개나 들고 가파른 언덕을 오른다. 자식들 김장 담가줄 배추밭에 물을 주러 가는 길이다.

'비밀의 화원'을 나서 골목길을 내려간다. 중앙시장 쪽 길들은 많은 여행자들이 오고가지만 이 길을 이용하는 사람은 주민들뿐이다. 자동차가 다닐 수 없는 골목. 손수레나 겨우 지나다닐 정도로 좁고 가파르고 꾸불꾸불한 골목길. 이 길은 태평동과 정량동 두 동네를 가르는 경계다. 같은 마을인데 동을 달리하는 것은 행정상의 편의를 위한 것일 뿐 사람들의 삶과는 무관한 구분이다. 지금은 동문 2길로 바뀌었다. 길을 따라 주소를 표기하는 것이 옳다는 것이 증명된다.

골목 어귀에 할머니 몇 분이 앉아 두런거린다. '서양화가 이태규 1932~1982가 살았던 집'이라는 표석이 서 있는 골목, 안쪽으로 그보다 더 작은 골목이 이어진다. 골목은 마치 실핏줄처럼 퍼져 있다.

아, 그런데 정말 놀라운 광경과 마주하고 말았다. 이것은 대체 얼마나 오래된 풍경인가! 골목에서 아이들이 공놀이를 하고 있다. 초등학생 여자 아이 둘과 유치원생 사내아이 하나, 축구공을 차고 받으며 맘껏 낄낄거린다. 자동차의 위협 따위란 존재하지도 않는 골목. 도시의 어디에 아이들의 놀이터가 돼 주는 이처럼 안전한 골목길이 또 있을까. 이건 거의 문화재적인 풍경이다. 어디에서 이런 풍경을 또 찾을 수 있으랴.

집집마다 대문을 활짝 열어 놓고 사는 골목. 저녁밥 짓기 위해 쌀 씻는 소리까지 들리는 골목. 골목은 사람들이 오가는 길인 동시에 사람과 사람 사이를 연결해 주는 마음의 통로다. 오래된 사람살이의 문화가 살아있는 골목. 개발이란 이름으로 이런 골목을 없애버리는 것은 문화재를 파괴하는 범죄가 아니겠는가. 그래서 통영시가 동피랑 마을을 철거해버리지 않고 보존한 것은 참으로 숭고한 일이다.

Tongyoung

2
차가운 철이 달군 철을 자른다

공작소,
통영의
대장간

"절대 분노로 싸우지 마라.
차가운 철이 달군 철을 자른다."

전 인도 레슬링 선수 구루 하누만

대장간 앞을 지날 때마다 생각나는 금언이다. 삼도수군통제영 12공방에서 비롯된 장인들의 고장답게 통영에는 아직도 도심 한복판에 대장간이 남아 있다. 대장장이가 쇠를 다루는 모습을 눈으로 직접 볼 수 있는 도시가 몇이나 될까. 그런데 어느 날, 내가 좋아하던 대장간 하나가 감쪽같이 사라져 버렸다. 통영 중앙시장의 명물이었던 대장간 '충무공작소'. 대장장이 노인도 행방이 묘연했다.

대장장이도 왕의 후예다. ⓒ 강제윤

통영에서는 대장간을 공작소라 칭한다. 옛날에는 성냥간이라 했었다. 대장장이를 성냥이라고도 했으니 성냥간은 거기서 비롯된 이름일 것이다. 한때는 또 대장간이라 불리다 공작소로 굳어졌다고 한다. 무언가를 만드는 곳이니 적절한 이름이 아니겠는가!

대장장이는 대장간에서 철·구리·주석 등 금속을 불에 달구고 망치로 두드려 연장과 기구를 만드는 장인이다. 딱쇠·대정장이·성냥·바지·야장冶匠·철장鐵匠 등 다양한 별칭이 있었다. 대장장이는 기원전 10세기 청동기의 출현과 동시에 등장했으니 물경 삼천 년의 전통을 가진 직업이다. 신라의 왕 석탈해昔脫解도 야장이었다. 오랜 부침을 겪었지만 대장장이도 왕의 후예다!

지금 낡고 오래된 충무공작소 건물이 철거된 자리에는 번듯한 새 건물이 들어섰다. 대장간을 지키던 노인은 대체 어디로 떠나신 걸까. 대장간이 있던 자리를 지날 때마다 궁금하고 속상했다. 그래서 어느 때부턴가는 그 길을 피해 다녔다. 어쩌다 지나더라도 애써 외면하고 대장간이 있던 자리는 쳐다보지도 않았다. 석탄불을 피워 쇠를 달구고 무쇠를 담금질하는 대장간. 요즈음은 시골의 장터에 가더라도 좀체 만나기 어려운 풍경 하나가 통영 도심 한복판에 있다 사라졌으니 그 아쉬움이 얼마나 크겠는가.

아, 그런데 어제 강구안 뒷골목을 걷다가 문득 오래된 대장간 하나를 발견했다. 이상하다! 자주 지나다니던 골목인데 왜 못 봤던 것일까. 그래도 반가운 마음에 다가가니 이런! 충무공작소 대장장이 노인이 쇠를 달구고 있지 않은가. 중앙시장 앞에서 사라졌던 노인이 뒷골목으로 대장간을 옮겨서 새로 문을 연 것이다.

그런데 이름이 바뀌었다. 이름도 충무공작소를 그대로 가져왔으면 좋았을 것을, 삼성공작소다. 월세를 두 배 이상 올려 달라는 통에 노인은 목 좋은 중앙시장을 떠나 이 후미진 골목으로 들어오게 된 것이다. 마음이 좋을 리가 없다. 어째서 이름을 바꾸셨냐고 물으니 돌아오는 대답에 섭섭함이 진하게 묻어난다.

"쫓기난 기라! 기분이 나빠서 마 싹 바꿔빗습니다."

점쟁이가 예언한 대장장이의 길

나쁜 기억을 지워버리고 새 술을 새 부대에 담고 싶으셨던 게다. 삼성공작소 주인 이평갑72세 선생은 54년째 쇠를 다루고 산다. 통영의 대장장이니 쇠를 녹여 각종 철물 및 병기를 만들던 통제영 12공방의 하나였던 야장방의 후예인 셈이다.

선생은 북신동에서 태어나 9살 때 고성으로 머슴살이를 갔었다. 8년간 머슴살이를 하다가 17살 때 통영 서호동의 오씨공작소에 견습공으로 들어갔다. 그는 어떤 점쟁이가 자신이 대장장이가 될 것을 예언했다고 믿는다.

고성에서 머슴살이를 하던 시절 동짓달에 점을 보러 갔더니 점쟁이가 대뜸 "쇳소리 나고 손재주 써먹는 일 있으면 두말 말고 따라가라." 했다. 그때는 코웃음을 쳤다. 스스로 연 하나 만들 줄 모를 정도로 손재주가 없을 때였으니 당연한 반응이었다. 그런데 얼마 지나지 않아 서호시장의 오씨공작소 주인 할머니가 불러서 일을 시켰다. 그래서 쇠를 따라가라던 점쟁이 말이 신통하게 여겨졌었다. 아직도 그 예언이 자신의 앞날을 결정지었다고 믿는다.

지금이야 대장간 구덕에 전기와 황으로 불을 붙이니 어려울 것 없지만 당시에는 밀대를 밀고 당기면 바람이 나오는 불매를 불어줘야 불을 피울 수 있었다. 그 추운 겨울에 밀대를 잡고 밀고 당기다 보면 손이 '빠꼼한 데'가 하나도 없었다. 쩍쩍 갈라지고 피가 철철 흘렀다. 그런데 이발소에서 일하는 '이발사들의 손은 보들보들하니' 그렇게 부러울 수가 없었다. 그래서 고생스런 대장간 일 걷어치우고 이발사가 되려고 짐을 쌌다. 그렇게 막 대장간을 나섰는데 늘 친절하게 대해주던 시장통 누나가 길을 막았다. 이발사는 장래가 없으니 "좀 되도힘들어도 그냥 대장간에 남으라." 했다. 그래서 다시 짐을 풀었다. 지금 생각해 보면 참 잘한 일이다. 그 누나도 너무나 고맙다.

"오씨공작소 불매 놔뒀으면 황금 덩어린데. 하도 손을 많이 타 팔뚝만

하던 자루가 손가락처럼 가늘어졌거든."

노인이 다루던 그 불매는 오래전에 불에 타 없어졌다. 옛날에는 농기구는 물론이고 목수 연장, 나전칠기 연장, 머구리잠수부, 해녀 연장까지, 연장만 해도 수십 가지를 대장간에서 직접 만들었다.

노인이 오씨공작소에서 중앙시장 입구에 있던 충무공작소로 옮긴 것은 40년 전이다. 그 시절에도 노인의 솜씨는 정평이 났었다. 직원이 다섯 명이나 됐으나 다들 그에게만 일을 맡기려고 줄을 섰다. 그때를 생각하면 자부심이 가득하다. 대장간에서 쇠를 만져 1남 2녀를 공부시키고 시집장가 보냈으니 참으로 고마운 쇠다. 내내 직원으로 일하던 노인은 7년 전쯤 공작소를 인수해 사장이 됐지만 대장장이는 노인 혼자로 줄었다.

예전에는 통영에만 대장간이 11곳이나 됐는데 이제 도심에는 서호시장에 있는 산양공작소와 노인의 대장간만 겨우 명맥을 유지하고 있을 뿐이다. 가끔 농기구 제작 주문이 들어오기도 하지만 대부분은 수리다. 혼자서 해도 일감이 적다. 지금은 공장에서들 다 나오니까 대장간에서 연장을 만들어 쓸 일이 별로 없다. 농기구도 거의 다 기계화되어 사람이 연장을 잡을 일도 많지 않다. 하지만 노인은 살아 있는 동안은 대장간을 지킬 생각이지만 앞날을 어찌 장담할까.

삼성공작소 이평갑 선생이 만든 농기구들. ⓒ강제윤

백 년째 망치로 두들겨 맞고 있는 산양공작소 모루. ⓒ강제윤

백 년 된 모루

서호시장 뒷골목의 산양공작소 주인도 대장장이 생활만 50년이 넘었다. 불에 달군 쇠를 놓고 두드려서 공구를 만드는 모루가 움푹 패었다. 얼마나 많이 두드렸으면 저 무쇠로 만든 모룻돌이 저토록 닳아 없어졌을까. 모루는 공작재료를 얹어놓고, 해머로 두드려 가공하는 대받침대다. 앤빌anvil이라고도 하는데 수작업을 하는 대장간이나 작은 공장에서 사용된다. 주인에게 물으니 모루는 자기보다 나이가 많다 한다.

근 백 년이 다 돼 가는 모루. 움푹 패인 저 모루. 백 년 동안 두드려 맞고도 무사하니 다행인 것인가. 저토록 강인하게 살아남은 저 모루야말로 문화재가 아닌가.

산양공작소 주인은 갈수록 대장간 운영이 어렵다고 푸념이다.

"다 접어야 돼 이거. 중국산이 워낙 싼 게 들어오니까는 인력으로 만들어 갖고는 수지가 안 맞아요. 언제까지 할랑가 장담을 못해요."

기계 제작에 밀려 진즉부터 사양 산업화되었던 대장간이 이제는 그보다 더 값싼 중국산 제품에 밀려 아주 사라질 위기에 처했다. 대장간에서는 농기구를 제작하기도 하지만 수요는 많지 않다. 그래서 주로 고장 난 농기구 수리를 한다. 나날이 어려워진다. 어쩌면 지금이 대장간을 볼 수 있는 마지막 시간인 듯싶다. 대장간을 지키고 있는 노인들이 은퇴하면 더 이상 대장간의 모습을 볼 수 없게 될 것이다.

"우리야 어차피 찌그러지니까 할 수 없지만 젊은 사람이 이거 할라고 합니까. 밥벌이가 돼야 하지."

할머니 한 분이 수리를 맡겨 놨던 호미 세 자루를 찾아서 돌아간다. 저 할머니들도 손으로 농사를 짓는 마지막 세대고 저 대장간 주인도 손으로 농기구를 만드는 마지막 세대가 될 것이 분명해 보인다. 이렇게 3천 년 전통의 직업도 허무하게 사라져 가는가!

3
할아버지의 요술통

Tongyoung

**쇠도
마음으로
다스려야**

통영 강구안 화장실 옆에는 50년 가까이 톱날을 가는 노인이 있다. 노인은 손수 톱도 만드는 기술자다. 노인은 강구안에 나와 톱도 팔고, 날이 무딘 톱날을 갈아주기도 한다. 톱은 관광객들도 사 가지만 대부분 통영 사람들이 사 간다. 노인은 해마다 4월부터 7월까지 톱을 만든다. 그때는 해가 길고 톱을 사러 오는 손님도 적기 때문에 판매보다는 톱을 만드는 데 주력한다. 톱은 주로 가을이나 겨울에 많이 팔린다. 그때가 나무 베기에 적당한 계절인 까닭이다.

꽃샘추위가 기승을 부리는데도 노인은 장갑도 끼지 않은 채 톱날을 갈고 있다. 이보다 더 추운 한겨울에도 항상 맨손이다. 장갑을 끼면 미끄러워 톱을 갈기가 불편해서다. 오랜 세월 맨손으로 톱을 갈다 보니 습관으로 굳어져 이제는 시린 줄도 모른다.

노인은 '조실부모'한 뒤 혼자서 어린 동생들 4형제를 돌봤다. 평생 먹고 살 직업을 찾다가 시장에서 톱 만드는 기술을 배웠다. 그 당시에는 톱이 생필품이라 날개 돋친 듯이 팔렸다.

톱이라고 다 같은 톱이 아니다. 용도에 따라 톱날이나 톱의 모양이 각기 다르다. 나무를 자르는 톱이 기본이지만 배 만드는 톱이나 자개농이나 장식장 만드는 공예용 톱 등은 특수제작된다. 나무를 캐는 톱도 따로 있다. 통영에서 목공예를 하는 인간문화재들도 노인에게 톱을 부탁한다. 노인은 톱 만들고 톱날 갈아서 동생들, 자식들 공부시키고 결혼까지 시켰다. 톱이 노인의 인생을 완성했다. 노인은 톱을 잘 만들고 잘 가는 것은 기술보다 마음의 평정이라고 생각한다. 노인은 깨지기 쉬운 유리처럼 쇠를 다룬다. 자칫 잘못하면 쇠가 부러지거나 몸을 다칠 수 있기 때문이다.

"쇠도 마음속에서 다스려야 잘 다루어집니다. 손이 아니라 마음으로 다스려야 합니다."

50여 년 쇠를 다루고 톱을 만들면서 얻은 노인의 깨달음이다.

오늘도 노인은 톱날을 간다. 노인은 늘 낡은 카세트 플레이어를 틀어놓고 톱날을 간다. 스피커에서는 노인이 만든 노래가 흘러나온다. 노인은 작사가이기도 하다. 자신이 지은 노랫말을 작곡가에게 부탁해서 노래

두드리면 도깨비 방망이처럼 식구들의 밥이 나오는 '요술통'. ⓒ 강제윤

를 만든 것이 여러 곡이다. 그 노래를 가수에게 부르게 해 녹음한 뒤 테이프를 만들었다. 노인은 날마다 그 노래를 틀어 자신도 듣고 지나가는 사람들도 듣게 해준다. 노인을 작사가로, 시인으로 만든 것은 무엇이었을까. 혹 톱날을 스치고 지나간 통영 바다의 바람은 아니었을까. 노인은 바람이 들려준 이야기를 받아 적어 가사를 완성한 것이 아닐까!

　노인은 오늘 낮에는 중앙시장에서 떠온 생선회로 점심을 대신한다. 날것이 드시고 싶을 때는 종종 그런다. 노인은 공구함 위에 회 도시락을 올려놓고 젓가락도 없이 드라이버로 회를 찍어 드신다. 오랫동안 그리 해와서 그게 편하신 모양이다.

　그런데 톱날 가는 기계를 올려놓은 공구통에 무언가 희미한 글자가 새겨져 있는 것이 보인다. 전에는 미처 발견하지 못했던 글자다. 무얼까? 가까이 가서 자세히 들여다보니 '요술통'이라고 써져 있다. 아! 나그네는 그만 탄성을 지르고 말았다. 저 오래되고 낡은 나무 상자. 저 상자야말로 진짜 요술통이 아닌가.

　저 작은 통에서 40년 넘게 식구들의 밥이 나오고, 아이들 학비가 나오고, 동생들 혼수비용이 나왔으니 어찌 요술통이 아니겠는가. 다른 이들에게는 낡고 쓸모없는 나무상자에 불과하겠지만 노인에게는 무엇보다 소중한 요술통. 도깨비 방망이 같은 요술통. 오늘도 노인은 요술통 앞에 앉아 톱날을 간다.

강구안에 용왕굿이 열리던 날 저녁

남 의   눈 에
꽃 이   되 고
잎 이   되 고

초승달이 뜬 밤, 밤길을 나선다. 요새는 저물녘이면 강구안을 산책하는 것이 일과다. 문화마당 주차장 부근 강구안 바닷가. 할머니 한 분이 징을 울리며 염불을 왼다.

옴 아라남 아라다
나무대자대비관세음
나무관자재보살마하살
신묘장구대다라니

바닥에 촛불 두 개를 켜놓고 냄비에 쌀밥을 한가득 퍼 담았다. 또 약과와 떡, 사과, 배 등의 과일과 명태포, 막걸리 석 잔이 제사 음식으로 차려졌다. 할머니는 강구안 바다를 향해 끊임없이 염불을 하고 주문을 왼다.

대동조선 대한민국 경상남도 통영시
요왕대신님을 찾아와서 제를 지어 올려놓고
비나이다 비나이다
동해바다 요왕대신
서해바다 요왕대신
남해바다 요왕대신
사천앞바다 요왕대신
통영앞바다 요왕대신

태평동에 사는 무당 할머니가 용왕제를 지내시는 중이다. 사천에 사는 배씨 집안을 위해 용왕님께 제사를 올린다. 배씨 집안에서는 고깃배도 부리고 사업도 한다. 바다에서의 안녕과 풍어, 사업번창을 위해 용왕제를 지내는 것이다. 요왕대신은 용왕이다. 용왕님께 치성을 드리지만 더불어 부처님, 보살님 들께도 함께 기원을 드린다. 무속 신앙에서는 용왕님이나 부처님이나 다들 영험한 신이시다.

굳은 물은 씻어내고 새 물을 주옵소서
칠성바람도 막아주고
배씨 가정에 소원성취 시켜주시고
배씨 자손들은 넘의 눈에 꽃이 되고 잎이 되고
요왕대신 요왕대신
이리 가도 도와주고 저리 가도 도와주고
언제든지 불쌍히 여겨 살려주고 도와주십시오
요왕대신 요왕대신 요왕대신
나무대자대비관세음 나무대자대비관세음 나무대자대비관세음
살려주소 살려주소

'넘남의 눈에 꽃이 되고 잎이 되고.'

난 주문의 이 구절이 참 좋다. 다른 이들에게 늘 이쁨 받고 사랑 받게 해 달라는 말씀을 이토록 시적으로 표현하다니! 하급 무당의 언어는 직설법이지만 고수들은 은유와 함축의 화법이 뛰어나다. 시보다 더 시적이다. 무당이 신의 말씀을 듣고 전달해 주는 것을 공수 내린다고 한다. 서양식으로 치면 신탁이다. 무당들이 신탁을 전하듯이 시인들 또한 저 깊은 곳 어디선가 들려오는 신비한 소리를 듣고 받아 적는다. 그것이 시다. 그러므로 시인 또한 무당이다.

경을 마치고 무당 할머니는 바다를 향해 무릎 꿇고 절을 한다. 진짜 중

강구안은 통영 중앙시장 앞 거북선들이 정박해 있는 호수 같은 바다 주변을 말한다.

요한 큰 굿은 내일 통영시 도산면 당집에서 올릴 예정이다. 오늘은 내일 제를 지내기 전에 용왕님께 미리 인사를 드리는 작은 굿이다. 내일 굿판에는 세 명의 무당이 함께하기로 되어 있다. 제를 마친 무당은 불을 붙여 소지를 태운다. 소원 성취해 달라는 간절한 기원을 담아 불꽃을 날린다. 무당은 소지를 다 태운 뒤에도 징을 치며 마지막 기원을 드린다.

많이많이 잡수시고 배씨 가정에 소원 성취해 주소서.
대자대비관세음

용왕제가 끝나고 무당 할머니는 음식들을 조금씩 잘라내 거래고시레를 한다. 배고픈 떠돌이 귀신, 걸신들에게 보시하는 음식이다. 과일들은 제를 지내던 자리에 가지런히 놓아두며 나그네에게도 하나 건넨다.

"깨끗해서 잡솨도 상관없어요. 여기 얹어 놓으면 가는 사람 오는 사람 잡숴요."

제를 지낸 음식은 길 가는 사람들에게 나눠주는 것이니 의례는 또 나눔의 의례다. 무당은 내일 큰 굿을 위해 서둘러 짐을 챙기고 자리를 뜬다. 서늘한 초승달이 강구안 바다 위에 비수처럼 꽂혀 있다.

거북선이 정박하던 강구안

통영 중앙시장 앞 거북선들이 정박해 있는 호수 같은 바다 주변을 강구안이라 부른다 한다. 섬이나 해변 지방에서는 바닷물을 갱강물이라 부르고 바닷가를 흔히 갱강변이라 부르는 데서 강구안이라는 이름이 생긴 듯하다. 강의 입구 바다 안쪽이란 의미지 싶다. 통영 강구안의 지형은 영덕의 강구와 너무도 흡사하다. 그래서 이름도 같은 강구일까.

삼도수군통제영 시절 강구안 바다는 통제영의 기함인 천자 제1호 좌선, 통영거북선 등 통제영 8전선戰船이 늘 정박하던 항구였다. 강구안에서는 봄가을이면 수군들의 군사점호와 해안훈련이 있었다. 그래서 강구안 부근 뱃머리 일대는 병선마당이라 했다. 병선, 전선이 정박하는 곳이라 병선마당이었다. 이후에는 윤선머리, 쌈판, 뱃머리라고도 불렀다.

병선마당의 수항루受降樓에서는 통제영의 별무사別武士가 왜군 장수로 변장한 가왜장을 결박하여 무릎 꿇리고 항복을 받는 의식을 행하기도 했다. 병선마당은 일제 강점기 초에 강구안의 일부가 매립되어 수산물 시장이 들어서고 부산·여수 간 여객선이 운항되기 시작하면서 여객선의 중간 기항지가 됐다. 그 여객선을 화륜선이라 했다. 일제시대에 병선 마당은 화륜선이 정박하던 곳이라 윤선머리 혹은 뱃머리라 한 것이다.

부산에서 출발해 여수로 가는 배나 반대로 여수에서 출발해 부산으로 가는 배의 중간 기항지가 통영이었고 그 여객선 부두가 강구안에 생겼던 것이다. 도로 교통이 발달하기 전에는 육지와 육지를 움직이는데도 육로보다 해로를 통하는 것이 지름길이었다. 여객선은 부두에 직접 접안하지 못하고 강구안 바다에 떠 있고 작은 배가 손님과 물건을 실어 날랐다.

여객 터미널 주변에는 충무김밥 장수나 멍게, 소라 등 해산물 좌판, 뽈락구이나 꼼장어, 장어구이 등을 파는 선술집들이 많았다. 짜장면과 우동을 섞어서 파는 통영만의 독특한 음식 '우짜'가 시작된 곳도 강구안이었다. 유람선 터미널도 이곳에 있었다. 한 시절 통영의 중심지였던 셈이다. 하지만 여객 터미널과 유람선 터미널이 이전하면서 건물들이 철거되고 또 일부는 매립되면서 대신 넓은 광장이 생겼다. 그것이 문화마당이다.

통영의 아크로폴리스 문화마당

문화마당은 5000제곱미터 넓이의 도심 광장인데 1997년 9월 25일 개장했다. 한산대첩 기념 축제, 통영예술제를 비롯한 각종 공연과 수많은 문화행사가 열리는 곳이다. 또 간단하게 뛸 수 있는 농구 골대도 있다. 박경리 선생이나 전혁림 화백의 장례식도 여기서 열렸다. 서울 광화문 광장보다 훨씬 더 열린 광장이고 문화 광장이다.

노인들도 매일매일 모여서 장기를 두며 놀기도 하고 논쟁도 벌인다.

밤이면 산책을 나온 시민들과 관광객들의 쉼터가 된다. 이 문화마당 앞 강구안 바다에는 거북선들과 전함인 판옥선 두 척이 정박해 있다. 거북선 세 척 중 한 척은 한강에 있던 것을 서해 물길을 따라 가져온 것이고 두 척은 통영에서 건조한 것이다.

    늘 호수처럼 잔잔한 강구안 바다를 보면 마음도 편안해진다. 간혹 외로움이 밀려올 때면 문화마당을 어슬렁거린다. 그러면 외로움이 달래지기도 한다. 풍어굿은 끝나고 오늘도 나그네는 초승달이 비치는 문화마당을 하릴없이 배회한다. 통영 바다 위에서는 초승달도 눈부시다!

Tongyoung

팔만대장경을 보호한
천년의 칠, 옻칠

**옻칠에서
온 말, 칠**

약용이나 식용으로 쓰이는 옻은 수천 년 전부터 공예나 산업용 도료로도 사용되어 왔다. 이 땅에서도 청동기시대 옻칠 유물이 출토된 바 있다. 고구려 고분이나 낙랑, 백제 고분, 경주의 천마총 등에서 출토된 옻칠 제품은 수천 년을 견디고도 그 빛이 변함없다.

도료로 쓰이는 옻나무의 수액을 옻칠이라 하는데 일반적으로 옻을 채취하는 방법은 두 가지다. 한번에 모든 옻을 다 채취한 뒤 옻나무를 베어 버리는 살소법殺搔法. 살소법으로 베어진 옻나무는 새움이 돋아나 다시 칠액이 생산되기까지 7~8년이 걸린다. 또 하나는 옻나무를 베지 않고 매년 조금씩 칠액을 채취하는 양생법養生法. 칠액은 옻나무 껍질과 속살 사이의 칠액구에 칼로 금을 그어 흠을 내고 칠액이 흘러나오게 하여 주걱으로 긁어서 수집한다.

처음 나온 칠은 유백색, 우윳빛이다. 원액에서 불순물을 걸러낸 것을 생칠, 햇빛이나 숯불로 수분을 증발시켜 얻은 칠을 투명칠 혹은 정제칠이라 한다. 숯검댕이나 광물성 안료들을 넣어서 흑칠을 비롯한 색칠을 만들어낸다. 6월 상순부터 6개월 남짓 옻을 채취하는데 그중에서도 7월 중순부터 8월 중순 사이에 채취하는 성칠을 최상품으로 친다.

옻 수액을 칠로 쓸 수 있는 것은 옻에 우루시올이란 화학 성분이 있기 때문이다. 이 성분으로 인해 옻은 한번 굳으면 산이나 알칼리에도 안전하고 수분을 차단하는 효과를 가진다. 표면에 색을 칠하거나 바를 때 칠한다는 표현을 쓰는 것도 옻칠에서 유래됐다. 칠흑 같다는 말 또한 검은 빛의 옻칠에서 비롯됐다.

가짜 옻칠, 카슈

통영은 옻칠 공예의 본고장이다. 삼도수군통제영 공방들 중 상하 칠방에서 나전칠기를 생산했었다. 그 전통이 400여 년 동안 끊이지 않고 이어져 오고 있다. 사라져버린 문화재가 아니라 여전히 전승되고 있는 문화라 그 가치가 더욱 크다. 통영에서는 어느 집을 가나 나전칠기 공예품 한두 점쯤 쉽게 만날

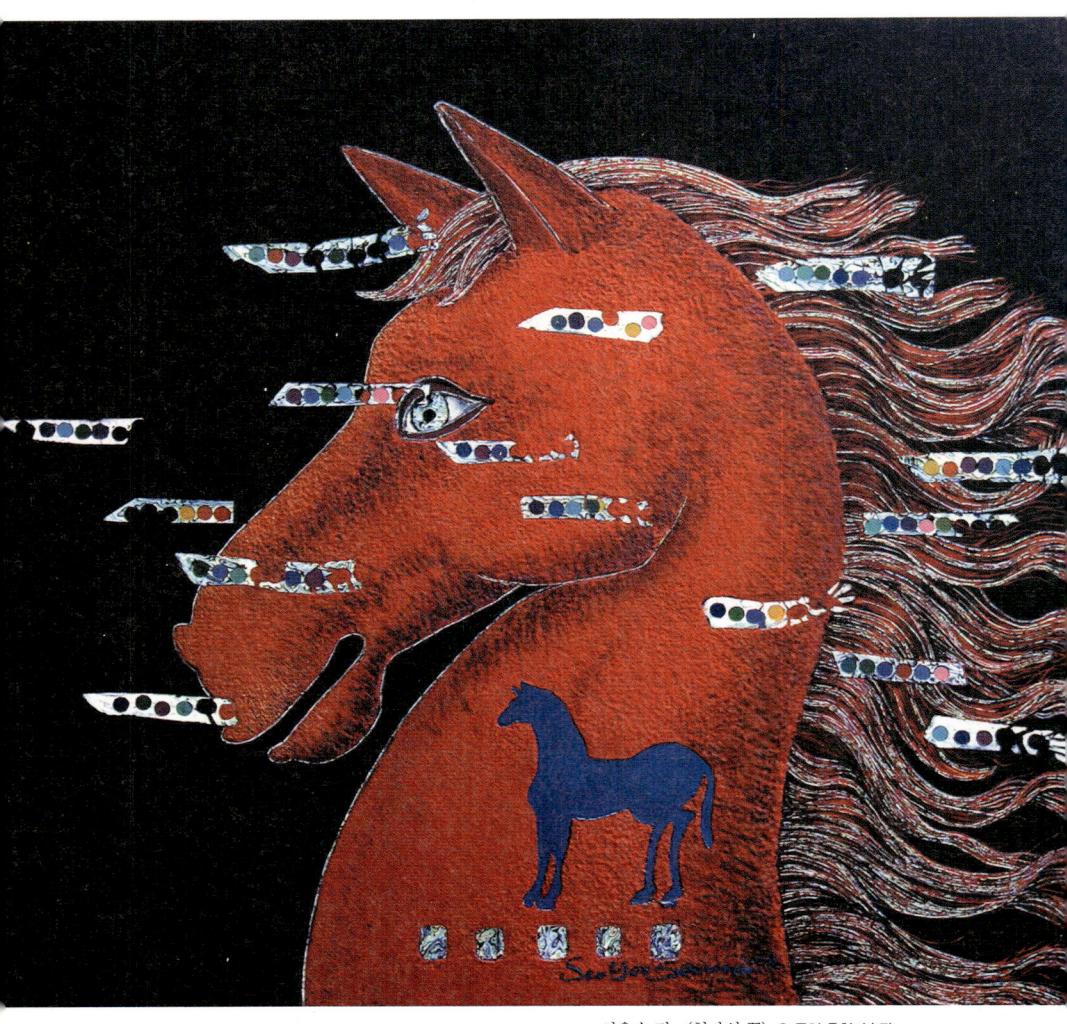

서유승 작, 〈청마의 꿈〉 © 통영 옻칠미술관

수 있다. 나전칠기의 고장답다. 통영에는 옻칠을 현대 미술과 접목시켜 옻칠 회화라는 새로운 예술장르를 만들어낸 사람이 있다. 옻칠미술관의 김성수 관장이다.

김 관장의 옻칠 회화 〈조형물 우주cosmos〉 앞에서 나그네는 우주의 눈 속으로 빨려 들어가는 듯한 강렬한 인상을 받았다. 통영 옻칠미술관은 미늘고개 부근에 있다. 미늘은 미월眉月에서 왔다 한다. 미월은 활처럼 굽은 초승달이다. 눈썹처럼 가늘고 서늘한 초승달 모양의 고개였을까. 아니면 이 고개에서 보는 초승달이 아름다웠던 것일까. 옻칠미술관은 이 초승달 같은 미늘 고개 아래 김성수 관장이 사재로 건립했다.

바다가 보이는 언덕, 옻칠미술관은 모나지 않게 주변 풍경과 조화를 이루며 단층으로 자리 잡았다. 건물 안에는 제1전시실인 칠예실과 2, 3 전시실이 있다. 전시실에는 옻칠 회화들 수백 점과 옻칠 장신구들이 진열되어 있다. 또 강의실, 수장고, 작업실, 옻칠 상품 판매장 등이 들어서 있어 옻칠에 관한 거의 모든 것을 경험할 수 있다. 김성수 관장은 옻칠 회화라는 새로운 장르의 창시자이다.

옛날에는 옻이 진귀한 칠이었다. 그러니 특별한 곳에만 썼다. 명품 중에 명품만 썼다. 그렇게 귀한 칠이다 보니 옻칠 제품은 고가다. 그만큼 소비층이 적을 수밖에 없었고 판매가 쉽지 않자 생활고에 시달리던 옻칠 장인들은 뿔뿔이 흩어졌다. 그래서 나온 것이 옻칠 대용으로 쓰는 카슈 칠이었다.

한동안 나전칠기에도 옻이 아니라 화학칠인 카슈칠을 사용했다. 사실은 칠기가 칠기가 아니었던 것이다. 하지만 카슈칠은 너무 역한 냄새가 났다. 사람들이 이 냄새 때문에 칠기제품을 싫어했다. 김성수 관장은 카슈칠이 다시 부흥할 듯하던 나전칠기 공예의 몰락을 재촉했다고 생각한다.

옻칠은 반영구적 재료다. 보존성이 매우 뛰어나다. 고려시대 대장경을 보관하는 경함도 옻칠을 했다. 몽고 침입 시절 대장경을 옻칠한 경함에 넣어서 땅속에 숨겼는데 썩지 않고 보존됐다고 한다. 안타깝게도 고려시대의 나전칠기 작품 대부분은 일본, 영국, 네덜란드 등으로 반출되었다. 우리 조상들이 만든 옻칠제품을 그 나라들에서는 보물로 떠받들고 있다.

목기에 옻칠을 한 것은 곰팡이나 습기에 강한 방충, 방습 효과 때문이다. 옻칠 그릇에 음식물을 담아서 먹으면 배탈이 나지 않는 것은 그 때문이다. 옛날에는 제사를 모실 때 더운 계절에도 옻칠한 제기를 사용하여 음식이 오래 노출돼도 상하지 않도록 했다. 그만큼 항균 작용이 강했다는 증거다. 일본 사람들이 옻칠 기술을 발달시킨 것도 같은 이유다. 일본은 옻칠 그릇을 써서 전염병을 예방했다.

옻칠 회화의 창시자 김성수 관장

김 관장은 한국전쟁 와중에 설립된 경남도립 나전칠기 기술원 양성소 1기생으로 입학하여 나전칠기를 배웠다. 그는 통영 피난시절의 화가 이중섭에게 소묘와 데생을 배우기도 했다. 최초의 서구식 교육을 배운 나전칠기공예가 중 한 사람이다. 1967년 나전칠기 기능보유자로 선정됐고 홍대, 숙대에서 교수 생활을 하다가 정부 파견으로 아프리카 튀니지로 가서 칠공예를 전수했다. 그 후 파리에서 창작활동을 하다 귀국한 뒤에는 나전칠기와 채화칠기에 바탕을 둔 옻칠화라는 새 장르를 개척했다.

처음 외국에서는 옻칠이 락카 페인트칠 취급을 당했다. 그래서 김 관장은 락카 페인트가 아니라 옻ott이라는 고유명사로 표기했다. 옻칠회화는 기법은 전통을 이으면서 이미지는 현대화했다. 미국에서 옻칠화가로 활동하던 김 관장은 미국 영주권을 포기하고 귀국해서 고향 통영에 옻칠미술관을 설립했다. 그때가 2006년 6월 15일이었다.

김 관장은 그 귀한 옻칠을 건축물에는 쓰지 말아야 한다고 주장한다. 옻칠은 금보다 귀한 것이니 공예품등에만 아껴 써야 한다는 것이다. 1년 동안 국내 생산량이 겨우 1톤뿐이니 새겨들어야 할 말씀이다.

거친 파도를 헤치고 밤샘 조업을 하고 돌아온 어부들은 새벽 시락국에 막걸리 한 잔을 곁들인다. 새벽 술맛은 세상 모든 고통과 설움을 잊게 해주는 명약이다. 낮의 세상에서는 보잘 것 없는 인생이라 자학을 하던 사람들도 새벽시장의 술 한 잔이면 다시 거뜬하게 생의 기운을 되찾을 수 있다. 얼마나 고마운 시장이고 밥이며 술인가!

야생의 맛을 찾아주는 보물창고,
통영 오일장

**상추는 천금을
주고 사는
천금채였다!**

할머니는 텃밭에서 소중히 키운 상추를 뜯어 나왔다. 또 한 할머니는 쑥이랑 시금치를 들고 나왔다. 진달래꽃을 따서 나온 할머니도 계시다. 봄날 통영 오일장은 귀한 것들만 숨겼다가 펼쳐놓은 보물 시장 같다. 흔하게 먹다 보니 우리는 상추가 얼마나 귀한 채소인지를 잘 알지 못한다. 하지만 그 옛날 상추는 무엇보다 귀한 채소였다.

후대에 실학의 선구자로 추앙받은 이수광李睟光, 1563~1628은 백과사전의 효시격인 그의 저서 《지봉유설芝峯類說》에서 '상추가 고구려 특산물이었는데 수나라 사람들이 종자를 구하기 위해 많은 돈을 들였기에 천금채千金菜라 했다'고 전한다. 지금은 흔하디흔한 상추가 천금을 주고 사먹던 천금채였다는 사실을 누가 짐작이나 할 수 있겠는가.

수경재배나 온상이 아니라 노지에서 파릇하게 자라는 상추를 뜯어다 쌈을 싸 먹어본 사람은 안다. 상추가 어째서 천금채인가를. 야생의 맛을 잃어버린 시대. 통영 오일장은 그 야생의 맛을 되찾을 수 있게 해주는 맛의 보고다.

3년째 통영에 살면서 나는 통영의 사계절 오일장을 모두 체험했다. 그중 무엇보다 잊을 수 없는 것은 겨울 오일장에 나왔던 노지 상추였다. 남녘 섬에 살던 시절 맛보았던 겨울 눈밭 속에서도 파릇파릇한 상추의 맛을 결코 잊을 수 없었다.

그 여리고 연한 잎의 상추가 겨울 눈보라 속에서도 얼지 않고 견딘다는 것은 기적 같은 일이었다. 그것은 남도 들녘의 채소들이 겨울을 나기 위해 스스로 몸 안의 모든 수분을 다 빼버리기에 가능한 일이다. 겨울 시금치나 월동 배추는 또 얼마나 달고 고소한가.

하지만 그 어떤 채소보다 연한 잎의 상추가 노지에서 월동하기란 보통 어려운 일이 아니다. 그러니 겨울 들판에서 뜯어온 상추는 천금을 주고도 사기 어려운 보배다. 그 상추를 겨울 통영 오일장에서 다시 만났을 때의 기쁨은 말로 표현하기 어렵다. 할머니가 겨울 노지 텃밭에서 뜯어온 상추. 나는 주저 없이 상추를 한 움큼 샀었다. 그때의 생각만으로도 입안에 상추향이 퍼진다. 온상이나 수경재배하는 상추 따위와는 감히 비교도 할 수 없는 달고 고소하고 진한 맛. 직접 먹어 보지 않고서는 감히 짐작조차 할 수 없는 극상의 맛이다.

오 일 장 의
야채는 약초다!

통영의 오일장은 2, 7장이다. 매달 2일 12일, 22일, 7일, 17일, 27일이면 어김없이 중앙시장 주변 도로가에 장이 선다. 장날이면 장돌뱅이들이 난전을 펼치기도 하지만 오일장의 하이라이트는 누가 뭐래도 할머니들이 한 줌씩 들고 나오는 각종 먹거리들이다. 직접 재배한 곡물이나 채소들, 그중에서도 산과 들과 바다에서 뜯어온 나물들은 마트에서는 결코 살 수 없는 진짜 살아 있는 먹거리다.

사람이 섭취하는 식품의 영양이 균형을 잃으면 면역력이 떨어진다. 봄날, 오일장에 나온 쑥과 달래, 냉이, 방풍, 두릅, 더덕 등 야생의 나물이나 텃밭에서 기른 상추, 시금치 같은 야채, 약초들은 면역력을 높이는 데 최고의 식재료다.

일본 홋카이도 중앙농협 시험장이 삿포로 시내 슈퍼에서 판매되는 채소 11종을 조사한 결과 시금치의 경우 본래 영양분보다 비타민C와 철분이 8분의 1이나 영양가가 떨어지는 것으로 나타났다. 다른 채소도 비슷했다. 속성재배나 화학 비료의 과다 사용이 원인이었다. 이런 영양가 없는 식재료는 배불리 먹어도 영양 결핍이 일어나게 마련이다. 요즘 아이들이 덩치는 큰데 체력이나 면역력이 떨어지는 이유가 그런 영양가가 적은 식품들을 섭취하기 때문이라 한다.

무조건 채소만 많이 먹는다고 좋은 것이 아니다. 생명력 있는 진짜 야

오일장에 나온 나물은 그대로 약초다. ⓒ강제윤

채를 먹어야 한다. 그런 점에서 오일장은 영양의 보고다. 할머니들이 들고 나온 야채들은 모두가 약초다!

오 일 장 의
또 다 른 주 역
장 돌 뱅 이 들

22일, 오늘도 중앙시장 일대에 오일장이 섰다. 오일장의 분위기를 한껏 띄우는 이들은 이곳저곳 장날만을 찾아다니는 장돌뱅이들이다. 그들이 가져오는 물건은 어느 장에나 흔한 것들이지만 상설시장보다 가격이 싸서 인기가 높다. 동피랑에서 태평동 길로 내려서면 도로 양쪽에 장꾼들이 물건을 펼쳐놓고 호객하는 소리가 요란하다.

크고 작은 항아리를 잔뜩 싣고 온 옹기장수도 판을 벌렸다. 이불장수들도 트럭을 몰고 왔다. 사람들이 가장 많이 몰리는 곳은 옷 장수들의 난전이다. 교자상을 들고 온 상 장수들도 상다리를 폈다. 양파를 한가득 싣고 온 야채장수는 자리를 잡지 못해 길 중간에 차를 세웠는데, 주차단속원은 어서 자리를 떠나라고 성화다.

"어서 이동하이소."

질서는 잡아야 하고 먹고는 살아야 하고! 사는 일이란 늘 이토록 어수선한 난장판이다.

용남면 사는 할머니는 겨우내 보관했던 가을걷이 곡식들을 들고 나왔

통영 오일장은 값도 싸고 물건도 다양해서 시민들에게 인기가 많다. ⓒ강제윤

다. 조, 수수, 찹쌀, 녹두, 대두콩 등의 곡물의 알이 야물다. 묵나물, 감, 배, 산초 씨앗도 나왔고 국산 석류도 나왔다. 좁은 골목 한켠에는 약초만 잔뜩 싸온 할머니가 약재상을 펼쳤다. 헛개씨, 인진쑥, 익모초, 칡, 암에 좋다는 망개뿌리, 느릅나무 껍질. 그런데 생강이나 강황처럼 생긴 저건 무슨 약초일까.

"할머니, 저 약초는 무언가요?"

"야시보시라카요."

야시보시가 뭐지? 또 물어봐도 그저 야시보시라고만 하신다.

잃어버린 효심을 되살려 주는 오일장

충무데파트 쪽 중앙시장 입구 대로변에는 주로 통영 지역 농어촌에 사는 할머니들이 자리를 잡고 앉았다. 쑥 한 광주리, 방풍나물 한 광주리, 머위나물 한 소쿠리, 쪽파 두 단, 청각 말린 것 조금. 조금씩 들고 나온 저걸 다 팔아도 차비나 나오시겠나. 할머니들은 사 가라고 크게 청하지도 않고 물건을 앞에 놓고 가만히 앉아만 계신다. 할머니들이 해변에서 직접 따온 미역이랑 톳, 봄이 제철인 우럭 조개도 많이 나왔다.

장날마다 반찬거리를 만들어 팔러 오는 아주머니는 오늘도 된장이랑 장아찌 들을 잔뜩 싸가지고 왔다. 찍어 먹어 보니 된장이 잘 익었다. 멸치와 새우를 갈아 넣어 담은 된장이라 바로 끓이기만 하면 된단다. 된장이 다 떨어졌는데 그냥 지나칠 수 없다. 만 원어치를 사니 한 봉지 가득이다. 고들빼기김치도 맛깔스럽고 땅두릅, 고추, 양파 짱아찌도 맛있다. 머위대도 데쳐서 장아찌를 담가왔다. 갈치젓갈이랑 돌게장을 담아온 할머니도 계시다. 오일장은 토속 음식들이 맥이 끊이지 않고 전통을 이어가게 해주는 전통문화의 전시장이기도 하다.

좁은 시장통으로는 김밥만 한가득 싣고 다니며 파는 김밥장수도 장날의 명물이다. 세 덩어리 2000원. 아주 싼 값에 장꾼들 뱃속을 든든히 채워준다. 한 할머니는 장어와 꼼장어만 한 상자 가득 손질해 나오셨다. 할아버지가 밤새 통발로 잡아온 꼼장어를 새벽같이 손질해서 내오신 거다. 굵은 장어들도 시중가의 절반 이하다. 버스정류장 의자 앞에 앉아 마늘을 파는 할머니는 곱게 차려입고 머리에 비녀도 꽂으셨다. 마늘 한 묶음이 1만3000원, 그토록 헐한 값에도 누가 좀체 사 가지 않는다.

멸치를 가지고 나오신 할머니의 난전. 굵은 참멸치가 한 상자에 1만1000원이다. 건어물 가게에 가면 3만 원은 족히 넘을 좋은 멸치다. 두 상자를 사서 인천 사는 어머니에게 보냈다. 길을 건너면 바로 중앙우체국이다. 청마가 매일 연서를 보내던 우체국에서 나는 멸치상자를 택배로 부쳤다. 오일장은 물건만 파는 곳이 아니다. 잃어버린 효심도 되살려주는 곳이다! 장도 구경하고 작은 효도도 했다. 얼마나 귀한 장날인가.

2
생의 허기를 달래주는
새벽시장 시락국 한 그릇

칠 순 의
얼음장수 노인

"얼음 있나 오빠야?"

"오빠야 얼음 없다. 요새는 늦게 신청하면 없다."

수레를 밀고 가는 노인에게 생선 좌판의 여자가 묻는다. 하지만 얼음장수 노인은 벌써 얼음수레를 비우고 흥에 겨워 건들건들 개다리춤까지 추며 빈 수레를 끈다. 칠순이 넘은 노인은 서호시장에서만 30년째 얼음장사를 하고 있다. 하루에 7~8번씩 작은 수레에 얼음을 가득 담고 시장을 누빈다. 선어장수들은 얼음이 없으면 영업하기 어렵다. 얼음이 절대적으로 필요한 여름철에는 하루 열 번씩 얼음을 실어 나르기도 한다.

노인은 잘게 부서진 얼음을 근처 얼음공장에서 사 온다. 얼음공장이 가깝다 보니 중앙시장보다 얼음값도 싸다. 노인의 얼음은 한 양동이에

1000원, 중앙시장은 1500원씩이다. 한 구루마에 얼음 스무 양동이가 들어가지만 덤으로 주는 것이 많기 때문에 돈을 받고 파는 것은 열일곱 양동이쯤 된다. 한 구루마 팔아 봐야 남는 것은 4000원 남짓. 요즘 같은 봄철에는 일곱 구루마쯤 파니 하루 얼음 장사로 버는 돈이라 해야 고작 3만 원쯤이다.

"이것만 갖고는 생활이 안 돼요"

그래서 노인은 얼음 장사 말고도 다른 부업을 한다. 새벽 다섯 시부터 시장 부근 위판장에 나가 바다에서 갓 잡아온 생선들도 실어 주고 얼음 장사가 끝나는 점심 무렵부터는 오토바이로 배달을 다닌다. 주로 생선이나 야채를 배달하는데 시장 사람들의 주문이 있으면 무엇이든 배달해 준다. '투잡'도 모자라 '쓰리잡'을 뛰고도 지칠 줄 모르는 혈기 왕성한 노인.

"시장 바닥 오래 궁글고 그러니까 사람 의욕도 생기고, 건강에도 좋고 그래요."

노인은 힘든 내색도 없이 사람 좋은 웃음을 짓는다. 젊은 시절 노인은 뱃일을 다녔다. 하지만 배 멀미가 워낙 심해 계속 배를 타기 어려웠다. 그래서 시작한 일이 얼음 장사다. 당시에는 얼음값이 아주 쌌다. 한 구루마에 두 곽의 얼음이 들어가는데 30년 전 공장 가격이 한 구루마당 2500원이었다. 지금은 한 곽에 6600원, 두 곽 한 구루마에 1만3200원이다. 올랐다고 하지만 그래도 싼 값이다. 마진도 30%가 채 안 된다. 중앙시장처럼 얼음값을 좀 더 받으셔도 되지 않겠느냐 하니 노인은 손사래를

친다.

"뻔히 공장 가격 아니까 비싸게 못 받아요. 별 돈이 안 돼요. 그래도 배달도 있고 하니 살 만해요."

노인은 그래도 자기 일하는 것이 맘이 편타.

"퇴직해라 이런 소리 없으니까 좋아요. 칠십 넘어 어디서 돈 벌어요."

얼음 장사와 배달, 새벽 어판장 일까지 하니 노인은 한 달에 2백만 원쯤 번다. 그 연세에 적지 않은 벌이다. 얼음 장사를 끝낸 노인이 오토바이를 타고 배달을 나간다. 노인의 뒷모습에 신명이 묻어난다.

새 벽 4 시 에 문을 여는 시장

여행지에 가서 그 지역을 제대로 느끼려거든 무엇보다 먼저 재래시장을 가 봐야 한다. 시장은 그 지역의 축소판이다. 나그네는 아침잠이 많은 편이다. 보통 새벽 두세 시에 잠이 드니 아침에 일어날 일이라도 있으면 여간 고역이 아니다. 그래서 아침 일찍 볼일이 있는 날이면 아예 잠을 자지 않고 밤을 새는 편이 더 쉽다. 하물며 새벽에 볼일이 있다면 어쩌겠는가.

하루는 그냥 잠자는 것을 포기하고 새벽 4시까지 글을 쓰다가 거리로 나섰다. 새벽 서호시장에 가기 위해서다. 서호시장 새벽풍경을 한번쯤은 직접 보고 싶었다.

서호시장은 꼭두새벽부터 문을 여는 새벽시장이다. 중앙시장 부근 '항구이용원'도 벌써 문을 열었다. 새벽잠이 없는 노인 이발사는 대체 몇 시에 집을 나선 것일까. 아마도 새벽 세 시쯤에나 일어나서 주섬주섬 옷을 챙겨 입고 이발소까지 걸어왔으리라. 아, 그런데 문화마당에는 이 신새벽부터 걷기운동을 하는 사람들이 한둘이 아니다. 낮과 밤을 바꿔 사는 나그네에게는 참으로 낯선 세상풍경이다.

통영항 여객선 터미널 부근에 위치한 서호시장은 새터시장이라고도 한다. 매립으로 생긴 새 땅에 시장이 들어선 때문이다. 서호시장 일대의 땅은 일제 강점기인 1930년대 서호만 바다를 매립해서 생겼다. 일제 때는 신정新町시장이라 했다. 새터에 생겼다 해서 새터시장이고 아침 일찍 여는 시장이라 해서 통영말로 '아적재자'라고도 했다. 저녁시장은 '저녁재자'쯤 될 것이다. 소설가 박경리 선생의 아버지가 젊은 여자 '기봉이네'와 딴살림을 차렸던 차부터미널도 새터에 있었다.

시장 상인들은 벌써 문을 열고 물건을 진열 중이다. 시락국집도 문을 열었다. 마른 생선을 판매하기 위해 바구니에 담고 있는 할머니에게 묻는다.

"잠은 안 주무세요?"

"쪼끔 자고 일어나지."

밤 9시나 10시쯤 잠이 들어 한밤중인 2시쯤 눈을 뜬다. 겨우 너덧 시간 눈을 붙이고 나와 종일 시장에서 일을 한다.

"그러니까 사는 게 고생이지."

생선의 배를 따서 소금에 절이거나 홍합, 바지락 등 조개껍질을 까느라 상인들의 손길이 분주하다. 활어를 파는 상인들은 활어 수송차에서 펄펄 뛰는 생선을 옮겨와 빈 수족관을 채운다. 반찬가게도 문을 열었다. 어묵집에서는 반죽을 한 어묵을 가마솥 기름에 튀겨낸다. 야채 가게도 바쁘다. 배송된 신선한 야채를 진열한다. 서호시장 안의 복국집들도 문을 열기 시작한다.

서호시장은 일찍 문을 여는 까닭에 폐장 시간도 빠르다. 점심 지나면 썰렁해지고 문을 닫는 집들도 더러 있다. 중앙시장보다 조금 덜 붐비는 편이라 장을 보기도 편하다. 그래도 물건은 싱싱하고 다양하다. 통영을 떠날 때 수산물을 사서 갈 요량이면 꼭 한번쯤 들러볼 만하다.

새벽 4시에 밥을 먹는 사람이 있을까 싶었다. 그러나 웬걸! 벌써부터 서호시장 시락국집은 이른 식사를 하는 손님들로 북적인다. 시락국은 시래기국의 통영말이다. 식당 문밖 가마솥에서는 국이 끓고 식당 안은 구수한 냄새가 아른거린다.

지친 속을 달래주는 명약

시락국집은 독립적인 식탁이 따로 없다. 반찬을 놓은 긴 테이블 양쪽으로 긴 의자가 놓

여 있을 뿐이다. 초면의 사람들끼리 옆자리에 앉아 밥을 먹는 것이 전혀 어색하지 않다.

메뉴는 단 하나. 그러니 음식을 고를 것도 없이 주문은 무조건 사람 숫자만 대면 끝이다. 밥과 시락국을 내주면 사람들은 자신이 원하는 반찬을 먹을 만큼 접시에 담는다. 일종의 뷔페인 셈. 통영 시락국에는 제피가루와 김가루, 부추무침을 넣어 먹는 것이 풍습이지만 음식에 정석이 어디 있겠는가. 사람마다 취향에 따라 먹으면 된다.

서호시장 안에는 시락국집이 여러 곳 있다. 보통은 장어뼈로 시락국을 끓이는데 장어 시락국의 진한 맛을 좋아하지 않는 사람은 서호시장 중간 만성복집 부근의 '가마솥 시락국' 집을 찾는다. 이 집도 오랜 세월 시락국 한 가지만을 고집해왔다. 이 집은 장어가 아니라 그날 잡아온 싱싱한 흰살 생선들을 쓴다. 생선은 푹 끓여서 체로 걸러낸다. 국물이 시원하고 맑은 맛이다.

시래기는 무청 시래기만이 아니라 배추 시래기도 함께 쓴다. 배추와 무청은 소금에 절여 두었다가 데쳐서 사용한다. 나는 이 집의 된장을 풀고 배추 시래기를 넣어 끓인 시락국의 시원한 맛이 좋다. 배추의 단맛이 국물을 더욱 부드럽게 한다. 진한 국물을 속이 받아들이지 않을 때면 이 집의 맑은 시락국으로 아픈 속을 달래곤 한다. 간이 세지 않아 약간 심심한 듯한 이 집 시락국도 중독성이 강하다. 이 집이 무엇보다 맘에 드는 것은 위생이다. 반찬을 개방해 놓는 다른 시락국집들과 달리 뚜껑으로 담아 두고 필요할 때만 덜어 먹게 한다.

　새벽에 먹는 시락국은 밤새 시달린 술꾼들이나 어부들의 지친 속을 다스려 준다. 거친 파도를 헤치고 밤샘 조업을 하고 돌아온 어부들은 새벽 시락국에 막걸리 한 잔을 곁들인다. 새벽 술맛은 세상 모든 고통과 설움을 잊게 해주는 명약이다. 낮의 세상에서는 보잘 것 없는 인생이라 자학을 하던 사람들도 새벽시장의 술 한 잔이면 다시 거뜬하게 생의 기운을 되찾을 수 있다. 얼마나 고마운 시장이고 밥이며 술인가!

Tongyoung

3
충무김밥, 원조는 없다!

**많은 것은
없는 것이다**

중앙시장 골목을 빠져 나오면 강구안 문화마당 앞 상가에 가장 많은 것이 충무김밥과 꿀빵집이다. 사람들은 통영에 오면 대체로 한번쯤은 원조 충무김밥을 맛보고 싶어 한다. 전국적인 명성 덕분에 지금은 어느 지방을 가도 먹을 수 있는 흔한 음식이 됐지만 아무래도 충무김밥은 본 고장인 통영에서 먹어야 제맛이다.

소를 넣지 않은 흰 쌀밥만을 김에 말아서 내는 김밥과 시락국, 오징어 무침과 큼직한 나박김치 몇 조각. 어느 지방이나 유명한 음식들은 저마다 원조임을 내세우는 탓에 어떤 집이 진짜 원조인지 분간하기란 거의 불가능에 가깝다. 통영 여객선터미널 앞에서 동피랑 언덕 가는 길의 중앙시장 부근까지 통영의 수많은 충무김밥집들도 저마다 원조라는 간판을 달고 있다.

하지만 원조집을 찾아가는 일은 부질없다. 원조는 없다. 많은 것은 없는 것이다. 맨 김에 밥을 싸 장에 찍어 먹거나 김치와 함께 먹는 식습관은 바닷가 어느 집에나 있던 음식문화다. 어릴 적 나그네의 고향 섬에서도 그렇게들 먹었다. 충무김밥집들 또한 자신의 집에서 먹던 것을 상품화해 손님들에게 팔게 된 터니 모두가 각자의 원조다.

충무김밥이 전국적인 명성을 얻게 된 것은 1981년 서울에서 열린 '국풍 81'이란 관제 행사 때였다. 통영항에서 김밥을 팔던 어두리 할머니가 서울까지 올라가 '국풍 81' 현장에서 김밥을 만들어 팔았는데 한마디로 대박이 났다. 그 후 충무김밥은 전국적인 인기를 얻게 됐다. 어두리 할머니는 여객터미널 한 귀퉁이에서 김밥을 팔았다.

어 할머니는 일본에 살다 광복 후 고향 통영으로 돌아오면서 김밥장사를 했다 한다. 당시에는 대꼬챙이에 끼운 꼴뚜기와 무 깍두기가 김밥의 반찬이었다. 꼴뚜기는 봄 멸치젓갈 국물에 양념을 해서 무치고, 깍두기는 간을 했다가 하루 뒤에 양념을 해서 담갔다고 하니 그것이 반찬의 비법이다.

충무김밥을 전국에 알린 것은 어두리 할머니다. 하지만 원조는 어 할머니가 아니다. 당시 김밥을 팔던 이들 각자가 다 원조다. 본래 충무김밥이 생겨난 것은 1930년대 부산과 여수 사이 여객선이 취항하면서부터다. 부산이든 여수든 어느 쪽에서 출발하더라도 중간 기항지인 통영에

충무김밥집들은 저마다 다 원조다. ⓒ 강제윤

충무김밥은 1930년대 부산과 여수 사이를 오가는
여객선 승객들의 점심식사로 탄생했다.

도착하면 점심시간이었다. 여객선 승객들의 점심식사로 탄생한 것이 통영김밥이었다.

여객선은 부두에 접안하지 못하고 떠 있었다. 그러면 작은 전마선에 김밥을 실은 김밥장수들이 노를 저어가 여객선에 올랐다. 여객선에서 김밥을 팔았다. 김밥 속에 소를 넣고 말아 두면 상하기 쉬운 까닭에 김밥과 반찬을 따로 만들어 팔게 된 것이 충무김밥의 기원이다.

원래 이름은 통영김밥이었지만 1955년 통영군 통영읍이 충무시로 승격하면서 이름도 충무김밥으로 바뀌었다. 1995년 충무시가 통영군과 통합되어 다시 통영시가 됐지만 여전히 충무김밥이란 이름을 갖고 있다. 이미 알려진 브랜드 가치 때문에 다시 통영김밥이란 이름을 찾기는 어려울 것이다. 아무튼 통영에서 먹는 충무김밥은 타지에서 먹는 것과는 그 맛의 깊이가 다르다. 잘 삭은 젓갈에 버무린 맛깔스런 나박김치와 싱싱한 오징어무침은 도저히 거부하기 어려운 유혹이다.

꿀빵에는 꿀이 없다

한 시절 통영 여고생들 최고의 간식

::::::
붕어빵에만 붕어가 없는 것이 아니다. 꿀빵에도 꿀이 없다. 그래도 통영을 찾는 사람들은 누구나 통영 꿀빵을 한번쯤 맛보고 싶어 한다. 꿀빵은 통영의 전통 음식이 아니다. 통영을 대표하는 맛도 아니다. 궁핍하던 시절 단맛에 대한 허기를 채워 주던 군것질거리다. 그런 꿀빵이 달콤한 먹거리가 넘쳐나는 시대에 이토록 각광받는 것은 아이러니!

통영 꿀빵이 명성을 얻은 것은 몇 년 되지 않지만 역사는 60년 전쯤부터 시작됐다. 꿀빵은 한국전쟁 직후 통영의 제과점들에서 처음 만들기 시작해 널리 퍼진 통영식 빵이다. 팥으로 소를 넣고 밀가루를 입혀 튀겨 낸 도넛에 물엿을 입힌 것이 꿀빵이다. 그 시절 싸구려 도넛에 귀하디귀한 진짜 꿀을 입힌다는 것은 상상할 수도 없는 일이었다. 비록 물엿이지

통영 꿀방의 달콤한 유혹. ⓒ이상희

만 꿀처럼 달콤하다는 의미로 꿀빵이란 이름을 얻었다. 통영에는 각각의 상호를 달고 수공업적으로 생산되는 꿀빵이 허다하다. 맛도 제각각이고 도넛 속에 넣는 소도 다양해졌다. 전통적인 팥 외에도 고구마, 콩 등을 넣은 새로운 꿀빵도 속속 등장하고 있다.

통영을 찾아온 지인들이 '오미사 꿀빵집' 이야기를 많이 했다. 나그네는 그들을 따라 오미사 꿀빵집을 처음 가봤고 꿀빵도 처음 맛봤다. 모든 음식이 달기만 한 시대, 단맛을 지독히도 싫어하는 나그네는 꿀빵에 별 매력을 느끼지 못하고 있었다. 그런데 사람들은 왜 그렇게 꿀빵에 열광하는 걸까, 문득 궁금해졌다.

단지 유명세를 쫓아 맛이나 한번 보자는 심사로 꿀빵을 사는 사람도 있을 것이다. 하지만 많은 이들이 한번 먹어본 뒤 택배로 주문을 해서 꾸준히 찾는다고 한다. 사람들은 단맛에 쉽게 중독된다. 그 단맛에 중독된 때문일까. 이번에 서울에서 온 지인들도 굳이 오미사 꿀빵을 맛보겠다고 해서 도남동의 오미사 꿀빵 분점을 찾았다. 건물의 초석에 새겨진 헌사가 눈길을 끈다.

한평생 고된 삶을 살아오신 어머니, 아버지께 이 집을 헌정합니다.
2011년 3월 20일

꿀빵 집의 초석을 다져준 부모님께 바치는 집. 오미사 꿀빵 도남점 정

창엽 대표에게 초석에 쓰인 글이 아름답다고 하자 "그래도 등기는 부모님 앞으로 안 해드렸어요." 하며 웃는다. 건물의 이름도 오미사 꿀빵의 창시자인 아버지의 이름을 따서 원석빌딩이다.

인터넷이 되살린 아날로그의 맛

정 대표의 아버지이자 오미사 꿀빵 창립자인 정원석 씨는 일본에서 태어나 자라다 해방 후 선친의 고향인 경남 하동으로 이주해 왔다. 통영에 정착한 것은 한국전쟁을 만나 피난을 내려온 뒤다. 정원석 씨는 당시 통영에서 유명했던 '평화당 제과점'에서 제빵사로 일했다. 신혼시절인 1963년 그의 아내는 집 앞에서 과일 좌판을 했다.

제과점을 나온 정원석 씨는 큰 기대 없이 생활비나 보태자는 심정으로 당시 배급되던 밀가루로 빵을 만들어 팔기 시작했다. 가게도 따로 없이 신혼집 앞 아내의 과일 좌판 한 귀퉁이에 놓고 판매했다. 그런데 뜻밖에 호응을 얻었다. 달콤한 유혹에 이끌린 통영 시내 여학생들에게 큰 인기를 끈 것이다.

이름도 없던 빵집에 이름을 붙여준 것도 그 여학생들이었다. 바로 옆에 오미사란 이름의 양복점이 있었다. 학생들은 마땅히 부를 이름이 없자 꿀빵이 먹고 싶으면 그냥 "오미사 가자." 했다. 그러다보니 자연스럽게 오미사 빵집이 됐다. 이제 오미사 양복점은 문을 닫았고 오미사 빵집만 남았다.

그 후 적십자병원 앞에 조그만 가게를 얻어서 본격적으로 꿀빵을 만들었다. 꿀빵은 불티나게 팔렸고 6년 남짓 장사를 했는데 빵이 잘 팔리는 만큼 가겟세도 덩달아 올랐다. 세를 감당하기가 버거워 빚을 내서 지금의 서호동 본점 자리에 있던 집을 샀다. 이번에는 빵만이 아니라 분식도 함께했다.

'오미사 분식'. 우동과 짜장면을 함께 말아서 파는 '우짜'도 했고, 새우튀김을 넣은 튀김우동도 했다. 튀김우동이 또 한 번 히트를 쳤다. 당시 통영이 충무시일 때 충무시장까지 우동을 먹으러 오거나 비서를 시켜 냄비에 우동을 사 갈 정도였다.

1998년까지 분식집을 하다가 IMF가 터질 무렵 분식은 그만두고 꿀빵만 만들어 팔기 시작했다. 자식들도 다 키웠으니 조금 편히 살고 싶은 까닭이었다. 그 무렵 '김장주의 통영 이야기'라는 개인 홈페이지에 오미사 꿀빵이 소개되면서 다른 지역에도 오미사 꿀빵이 알려지기 시작했다.

1999년 어느 방송사 프로에 충무김밥, 굴밥과 함께 오미사 꿀빵이 통영의 대표 음식으로 소개되면서 전국적인 유명세를 탔다. 그 후부터 여러 방송사들이 주기적으로 촬영해가기 시작했다. 오미사라는 이름의 유래가 흥미를 유발한 때문이지 싶었다. 한마디로 스토리텔링이 됐던 것이다.

게다가 그 무렵 확산되기 시작한 인터넷과 택배문화의 덕까지 톡톡히 봤다. 인터넷이 되살린 아날로그의 맛이라니! 이 또한 아이러니가 아니겠는가. 이제는 빵만 팔고 있지만 정 대표의 부모님 세대에서 시작했던 분식집들 중 유일하게 살아남은 곳이 오미사다.

정 대표는 오미사 꿀빵의 특징이 튀겨내도 기름맛이 안 나는 담백함에 있다고 말한다. 반죽에 기름기가 배어들지 않게 하는 것이 비결이다. 그 도넛 반죽의 비법을 발견한 것이 아버지인 정원석 씨다. 그 때문에 사람들이 유독 오미사 꿀빵을 더 찾는 것이라 믿는다. 오미사 꿀빵의 유명세에 힘입어 이제는 꿀빵이 통영을 대표하는 음식의 하나가 됐다. 1년 사이 강구안 문화마당 부근에 꿀빵 집이 우후죽순으로 생겨났다. 여행자들은 통영에 오면 꿀빵 봉지를 들고 다니는 것이 하나의 트렌드가 됐다.

Tongyoung

5. 해산물 요리의 알파와 오메가, 통영 다찌

다양한 해산물을 골고루 맛볼 수 있는 선술집

∷∷∷∷

싱싱한 제철 해산물은 발품만 팔면 어느 바닷가에서든 어렵지 않게 먹을 수 있다. 하지만 어딜 가나 우리가 맛볼 수 있는 요리는 제한적이다. 대부분 한 가지 요리뿐이다. 봄이면 주꾸미나 도다리 회 한 가지만 수북하게 쌓아 놓고 배가 터지도록 먹어야 하고 가을이면 대하만 질리도록 먹어야 한다. 식당들은 무조건 한 가지만 먹기를 강요한다. 아무리 맛난 음식도 물리도록 한 종류만 먹어야 하는 것은 고역이다. 도대체 맛을 즐길 수가 없다.

그러나 선택의 여지가 없다. 어느 식당엘 가나 단품 요리만 대량으로 팔기 때문이다. 맛있는 해산물을 조금씩 다양하게 맛볼 수는 없을까. 주꾸미도 조금, 꽃게나 문어도 조금, 멍게도, 굴도, 물메기탕도 조금, 생선회도 종류별로 조금, 생선구이나 찜도 조금씩 다 맛볼 수는 없는 걸까. 통영에서는 그것이 가능하다. 다찌집이 있기 때문이다.

　통영의 다찌집에서는 계절마다 제철 생선회와 해산물을 다양하게 맛볼 수 있다. 통영 바다와 들에서 나오는 거의 모든 음식이 다 있다. 그 싱싱함과 맛깔스러움, 무엇 하나 나무랄 데가 없다. 전라도 음식만이 최고인 줄 알았던 내가 처음 맛본 통영 다찌집의 다양한 해산물 요리들은 신선한 충격이었다. 경상도 음식은 맛없다는 편견을 보기 좋게 깨준 것이 통영의 다찌다. 다찌집은 해산물 음식의 보고다. 3년째 통영에 살면서 나는 어느새 다찌집의 광팬이 되고 말았다.

　술을 시키면 안주는 주인이 내주는 대로 먹는 술집문화가 다찌다. 다찌집에서는 그날그날 시장에 나온 식재료에 따라 메뉴가 바뀐다. 막걸리를 시키면 안주가 한상 따라 나오는 전주의 삼천동이나 서신동 막걸리 골목을 가본 적이 있는가. 통영 다찌집이 그와 비슷하다. 다찌는 본래 술값만 받고 안줏값은 안 받는 술집 문화였다. 대신 술값은 비싼 편이다. 술값에 안줏값이 포함되니 당연하다. 그래도 전체 비용은 결코 비싸다고 할 수 없다. 대체로 통영 사람들은 다양한 해산물 안주를 원하지만 안주를 많이 먹는 편이 아니다. 맛있는 안주를 고루고루 조금씩 먹는 것을 즐긴다. 다찌 문화가 유행할 수 있었던 배경이다.

　하지만 다찌가 유명세를 타고 다찌를 찾는 관광객들이 늘면서 다찌 문화가 변했다. 관광객들은 술보다 안주를 맛보는 데 목적이 있으니 기존

통영은 맛있다

통영 다찌 상차림에는 통영 바다가 통째로 다 들어 있다. ⓒ 이상희

의 방식으로는 이익을 남길 수 없는 것이 당연했다. 그래서 이제는 1인당 3만 원 정도의 기본요금을 받는다. 기본적인 술을 포함한 가격이다. 2인 기준 소주는 3병, 맥주는 5병 정도가 기본이다. 그 후부터 마시는 술은 다시 술값이 추가된다.

조금 변하긴 했어도 다찌는 여전히 통영 술집 문화의 최고다. 다찌집이 아니고서야 어디에서 바다에서 나온 온갖 산해진미를 다 맛볼 수 있단 말인가. 물론 모든 다찌집이 기대를 다 충족시켜 주는 것은 아니다. 관광객만을 상대로 하는 다찌집은 실망스러울 수도 있다.

하지만 정확한 정보를 알고 제대로만 찾아가면 절대 후회하지 않을 것이다. 다찌집에서 실패하지 않는 법은 통영 사람들이 잘 가는 다찌집을 찾아가는 것이다. 통영의 다찌집과 비슷한 것이 진주나 삼천포의 실비집, 마산의 통술집이다.

다찌, 실비, 통술집

통영 사람들도 다찌의 어원은 잘 모른다. 통영문화원 향토사연구소장 김일룡 선생은 다찌가 '일본 선술집을 뜻하는 다찌노미에서 왔을 것'이라고 추정한다. 서서 마시는 선술집에서 유래했을 가능성이 크다는 말씀이다. 통영의 대표적인 술집문화가 일본 이름에서 온 것을 인정하기 싫은 사람들은 다찌란 말이 '다있지'에서 왔다고 주장하기도 한다. 모든 해산물이 다 있어서 다찌라는 것이다. 억지춘양이지만 그럼 좀 어떤가. 한국 술집문화에 한국 이름과 기원을 부여해주고 싶은 마음에서 나온 것일 터.

한동안은 이 지방에서도 다찌란 말 대신에 실비란 말을 썼었다. 지금도 많은 다찌집들이 실비집 간판을 달고 있기도 하다. 하지만 다찌란 이름에 왜색이 짙다고 피하던 중 어느 다찌집이 유명세를 타자 너도나도 다시 다찌란 이름으로 복귀했다. 다찌가 일본어에서 파생된 외래어라 해서 맛이 달라질 까닭은 없다. 다찌는 이미 통영말이고 통영의 음식문화다.

오늘도 나그네는 벗들이랑 다찌집에 왔다. 요즈음 독한 술을 통 입에 못 대는 나그네는 '화랑'을 주문했다. 벗들도 각자의 취향에 따라 소주와 맥주를 시켰다. 얼음을 채운 양동이에 한가득 술이 담겨져 나온다. 식탁에는 생밤과, 배추, 다시마, 미역이 깔리고 된장과 갈치 속젓이 나온다. 일종의 전채식이다. 시원한 굴젓도 나왔다. 생굴을 하루 동안 소금에 절였다가 무를 갈아 넣고, 고춧가루 등의 양념을 한 뒤 물을 부어 며칠 삭힌 통영식 굴젓. 그 새콤한 국물이 어제 술을 먹고 아직 풀리지 않은 쓰린 속을 달래준다. 젓갈이라기보다는 굴 식혜에 가깝다. 방풍잎 데친 것도 나왔다. 방풍의 풍미는 다른 어떤 채소보다 뛰어나다. 방풍잎은 나물이나 쌈으로 먹고 뿌리는 한약재로 사용된다. 해풍 맞고 자란 갯방풍이 더 풍미가 깊다. 풍을 방지한다는 약초. 방풍의 정유 성분은 정신도 맑게 한다.

더덕 향이 묻어나는 미더덕회

멍게와 생굴, 개불, 피조개회 등을 담은 해물 접시도 나온다. 다들 술이 오른다. 분위기에 취하고 맛에 취한다. 통영 출신인 작곡가 윤이상 선생은 생전에 전복과 멍게를 즐겼다 한다. 피조개회도 달다. 피조개는 타우린 함량이 높아 시력 회복이나 당뇨 예방에도 효과적이다. 무엇보다 피조개에 함유된 베타인 성분은 지방간 예방에도 효과가 크다고 한다. 그러니 안주가 곧 약이다.

그런데 미더덕처럼 생긴 저건 뭐지. 이게 바로 진짜 미더덕이다. 나그네는 통영에 와서 처음으로 진짜 미더덕을 맛본다. 그 전까지는 해물된장찌개 같은 데 들어가서 오도독 씹히는 것을 미더덕이라고 알고 먹었었다. 하지만 그건 미더덕이 아니라 미더덕 사촌, 오만디(오만둥이)란 것이다. 가짜 미더덕을 먹고 미더덕은 별맛이 없다고 생각했던 셈이다. 미더덕. 이건 더덕처럼 향기롭다. 그래서 미더덕을 바다에서 나는 더덕이라 한 것일까. 멍게보다 단맛도 강하다.

무를 넣고 지진 가자미조림도 나왔다. 생전에 박경리 선생이 그토록 좋아했다는 통영식 가자미조림이다. 볼락구이도 나오고, 생선살을 지진 생선전도 나왔다. 꼼장어 수육, 해물 잡채가 뒤따라 나오니 산해진미가 한상이다.

아, 그런데 이건 또 무슨 호사인가. 고노와다라니! 고노와다는 해삼내장이나 해삼 내장젓갈을 말한다. 흔히 일본말인 고노와다나 와다로 통한다. 나그네의 입맛에 고노와다의 풍미는 단연 최고다. 서유구의 《전어지》에는 '해삼은 바다의 생물 중 사람을 가장 이롭게 하는 것'이라 했다. 해삼은 동물 중 드물게 알칼리성이다. 그 해삼 중에서도 해삼 내장의 맛은 단연 최고다.

내장을 쏙 빼먹고 버려도 다시 살아나는 해삼

고노와다의 맛은 중독성이 깊다. 고노와다는 생으로 먹기도 하지만 나그네에게는 소금 간을 해서 약간 삭힌 젓갈이 더 깊은 맛이 느껴진다. 다찌집에서 고노와다를 내주는 경우는 좀처럼 드물다. 워낙 고가인 때문이다. 오늘 고노와다는 참기름과 김 가루가 약간 뿌려져 나왔다. 그냥 먹기에는 너무도 귀한 음식이라 조금씩 맛을 음미한다. 밥에 비벼 먹으면 천상의 맛이다. 더러 고노와다 비빔밥을 파는 집들도 있다.

뱃사람들이나 바닷가 남자들은 해삼 살은 입에도 대지 않는 경우가 적지 않다. 내장만 쏙 빼먹고 껍질은 던져 버리기도 한다. 해삼 내장이 강장 효과가 뛰어나다는 믿음 때문이다. 거친 뱃사람들도 속은 여리다. 감성도, 입맛도 섬세하다. 해삼 내장의 맛도 섬세하고 감성적이다. 해삼이 산문이라면 해삼 내장젓갈은 시다.

해삼은 어떤 생물보다 재생력이 강하다. 배를 따서 내장을 꺼낸 뒤 바다로 돌려보내면 일주일 안에 배가 아물고 3개월이면 다시 내장이 꽉 찬다. 반으로 잘라도 70일이면 두 개의 독립된 개체로 살아난다. 그래서 일본의 시코쿠 지방에서는 고노와다만을 얻기 위해 해삼을 양식한다. 내장을 꺼내고 다시 바다에 넣어 내장을 재생시키기를 거듭한다.

홍합초도 나왔다. 홍합초는 삶은 홍합을 무친 것이다. 홍합도 그저 그런 해산물이 아니다. 홍합은 타우린 함량이 굴 다음으로 높다. 시력 회복이나 간 기능 향상에 좋다. 흔히 먹는다고 예사로 취급할 조개가 아닌 것이다. 《자산어보》에도 전복, 해삼, 담치홍합를 '삼화'라 했다. 세 가지 보화란 뜻이니 홍합 또한 그만큼 진기한 음식이다. 저건 또 뭐지! 대합구이같이 생겼는데 개조개 유곽이다. 다진 개조개 살에 야채와 된장 등을 버무려 구워낸 유곽은 조선시대부터 통영의 대표적인 겨울철 음식이었다.

촛대 고동회를 먹어본 적이 있는가?

이제 생선회가 나온다. 밀치와 감성돔, 전복회가 접시 가득이다. 밀치는 참숭어다. 겨울 참숭어는 도미 맛에 못지않다. 옛날 일본인들은 참숭어와 성게알, 고노와다를 천하 삼대 진미라 했다 한다. 해산물을 주식으로 하는 일본에서도 먹기 쉽지 않은 진미가 나왔으니 무엇이

부러울까.

　회는 방어, 밀치, 감성돔 세 종류다. 다들 최고의 겨울 횟감이다. 여름 숭어는 맛이 없어 개도 안 먹는다 했다. 하지만 겨울 숭어, 그중에서도 참숭어는 최고의 횟감 중 하나다. 겨울에는 지방질의 함량이 높아서 기름지고 맛도 고소하다. 통영에서는 겨울 참숭어를 밀치라 한다. 감성돔은 감시라 하는데 겨울에는 그 맛이 달고 찰지고 쫄깃하다. 방어는 겨울이 제철이다. 어느 때보다 고소하고 기름지다. 일반적으로 대부분의 생선들은 너무 크면 질기고 맛이 떨어지지만 방어는 클수록 맛이 뛰어나다.

　그런데 특이한 회가 또 하나 있다. 촛대고동회. 소라고동회는 먹어 봤지만 다른 고동회는 처음이다. 이 촛대고동회는 통영이 아니면 먹기 어려운 귀한 음식이다. 촛대고동은 생김새가 촛대 같아서 촛대고동, 머리 끝이 빨개서 빨간고동이라고도 한다. 또 해고동, 앵무고동 등의 다양한 이름으로 불린다. 이 고동은 익혀 먹으면 탈이 나기 때문에 생으로만 먹는다. 달디 달다. 이제 안주가 거의 다 나왔다 싶은 생각이 들자 물메기국이 나온다. 오늘의 마지막 요리다. 안주이기도 하고 해장국이기도 하다. 다들 행복하게 취한 밤이다. 다찌집은 통영 맛의 알파요 오메가다. 처음이면서 끝이다.

Tongyoung

6 중앙시장, 생선회에 대한 명상

**얼음까지 깔고
생선회를 즐겼던
옛 사 람 들**

: : : : : :
대충 막 썰어서 초장이나 된장에 찍어 먹는 것이 우리의 회 문화라고 주장하는 사람들이 많다. 이들은 정갈하게 꾸며나오고 겨자나 고추냉이에 찍어 먹는 것은 일본문화라고 우긴다. 모르고 하는 소리다. 옛 사람들도 지금의 일식집보다 더 고급스럽게 생선회를 즐겼다. 조선 중기 실학자 홍만선의 《산림경제》와 조선 후기 의관(醫官) 유중림의 《증보 산림경제》에는 회를 먹는 법이 자세히 소개되어 있다.

'껍질과 뼈를 제거하고 오직 하얀 살만을 얇게 썰어 흰 종이 위에 펴서 햇볕에 잠깐 쬐었다가 날카로운 칼로 실처럼 가늘게 썰어 사기접시에 얇게 깐다. 이와 별도로 생강과 파를 각각 반 치가량을 실처럼 가늘게 썰어 회를 놓은 접시 가운데 놓고, 또 볶은 된장을 대추알만한 크기로 만들

조업을 마치고 통영으로 귀항하는 쌍끌이 어선을 갈매기들이 뒤쫓고 있다. ⓒ이상희

어서 역시 생강과 파 옆에 놓고 종지에 겨자즙을 담아 상에 올린다. 만약 여름철이면 회 접시를 얼음 소반에 받쳐 올린다.'

《산림경제》에는 '회를 먹고 나서 소화가 안 될 때는 생강즙 한 되를 먹이면 즉시 소화가 된다'는 동의보감 처방까지 기록되어 있다. 또 여름에는 얼음 위에 회를 올려놓고 먹기까지 했으니 조선시대 사람들의 회를 즐기는 풍습이 오늘날과 크게 다르지 않았던 듯하다.

일본의 회 문화와 역사도 중국이나 우리와 대동소이할 것이다. 일본에서 생선회는 사시미刺身라 한다. 사시미란 '살을 찌르다'는 뜻이다. 어째서 생선회에 살을 찌른다는 뜻의 살벌한 이름이 붙었을까. 하지만 유래는 그다지 살벌하지 않다. 옛날 무사정권 시대 오사카 지방 한 장군의 요리사가 회를 떠서 손님 접대를 하는데 장군이 생선 이름을 잘 몰라 곤혹스러워하는 것을 보고 방법을 생각해냈다. 회를 뜰 때 생선 이름을 적은 작은 깃발을 생선살에 찔러 꽂아서 낸 것이다. 그 뒤부터 장군은 생선 이름을 몰라 체면 구기지 않고 폼 잡을 수 있었다. 그래서 생긴 이름이 사시미다.

통영 재래시장들은 해산물 천국이다. 그중에서도 중앙시장은 통영에서 가장 규모가 큰 해산물의 보고다. 중앙시장은 본래 통영성 남문 밖에 열리던 통영장시統營張市에서 비롯됐다. 이 장시에 영호남의 문물이 모여들었다. 일제 강점기에는 부도정시장이라 하다가 해방 후 중앙시장으로 이름을 바꾸었다.

중앙시장에는 손님이 생선을 고르면 즉석에서 생선회를 떠주는 활어골목이 두 군데나 있다. 충무데파트에서 문화마당에 이르는 중앙활어시장이 하나이고, 강구안 나폴리모텔 옆의 통영활어시장이 또 하나다. 활어시장에서는 싱싱한 생선회를 아주 싼값에 맛볼 수 있다. 바다에서 금방 건져왔으니 싱싱하고 운송 비용이 절약되니 값이 쌀 수밖에 없다. 어종에 따라 차이가 있지만 도미, 우럭, 광어나 방어 등은 2, 3만 원이면 두세 사람이 먹기에 충분할 정도다. 특히 전통이 오래된 통영활어시장 골목은 관광객들로 사철 북적인다.

바로 건져 올린 양식산이 오래된 자연산보다 낫다

통영활어시장이 활성화되기 시작한 것은 1990년대 초반부터다. 원래는 여자들이 중앙시장 상가들 앞에서 좌판을 놓고 행상을 했었다. 통영에 관광객들이 몰려들자 상가 주인들과 행상 간에 갈등이 생겼다. 행상들은 상가 앞에서 쫓겨나 하나둘씩 현재의 활어시장 터로 옮겨오기 시작했다. 활어시장 안쪽은 개인 땅이었고 입구 쪽은 공유지였다. 중앙시장에서도 가장 가난한 행상들이 모여 이룬 것이 중앙활어시장이지만 지금은 가장 많은 사람들이 찾는 명소가 되었다.

통영 시내에는 세 곳의 상설 재래시장이 있다. 북신시장과 서호시장,

중앙시장. 북신시장은 대부분의 손님이 주민들이고 중앙시장과 서호시장은 주민뿐만 아니라 관광객들도 많다. 주민들을 대상으로 하는 북신시장이 상대적으로 가격이 싼 편이다. 여객 터미널 앞의 서호시장은 새벽시장이고 강구안의 중앙시장은 점심시장이다. 그래서 중앙시장은 시장으로서는 좀 늦은 편인 오전 8~9시경부터 본격적인 영업을 시작한다.

다른 지역들과는 달리 통영의 재래시장은 연중 붐빈다. 언제나 싱싱한 활어회와 해산물들을 저렴한 값에 사먹을 수 있기 때문이다. 활어시장의 좌판 주인들은 반 평도 안 되는 공간에서 횟감을 손질하고 회를 떠서 포장까지 해준다. 좌판이지만 위생적으로 회를 뜬다. 다들 칼질의 고수들이다. 고무대야에는 농어, 참돔, 줄돔, 감성돔, 꽃게, 능성어, 전어, 광어, 장어, 문어, 낙지 등의 생선부터 전복, 소라, 개조개, 가리비, 홍합, 딱새우, 굴, 멍게, 미더덕, 개불, 바지락, 성게까지 온갖 해산물이 넘친다. 갈치, 고등어, 삼치 같은 선어나 구이용 장어만을 파는 좌판도 있다. 시장 한편에는 얼음과 아이스박스 등을 파는 상인이 택배업도 겸한다. 즉석에서 해산물을 사서 얼음포장해 갈 수도 있고 택배로 부칠 수도 있다.

시중에 유통되는 활어의 90% 이상은 양식이다. 5% 정도만이 자연산이다. 통영의 시장에서도 자연산 횟감을 만나기는 쉽지 않다. 포획되는 자연산 어류가 많지 않은 까닭이다. 중앙 활어시장의 횟감들도 자연산보다는 양식이 많다. 철마다 나는 잡어류는 주로 자연산이지만 광어, 돔,

우럭 등 사철 나오는 활어는 거의가 양식이다.

대체로 너무 작은 생선은 자연산이든 양식이든 맛이 떨어진다. 그렇다고 큰 것이 무조건 맛있다는 뜻은 아니다. 방어나 삼치는 클수록 맛있다. 하지만 광어나 돔, 우럭 등은 중간 크기가 맛있다. 그래서 양식산이어도 2~3kg 정도 크기의 광어는 맛이 뛰어나다. 자연산과 별 차이가 없다.

양식산의 사료는 정어리, 전갱이, 고등어 등 등 푸른 생선이다. 그러니 양식이라 해서 맛이 덜할 까닭이 없다. 하지만 양식이든 자연산이든 수송 거리가 길어지면 맛이 떨어진다. 수송 과정에서 영양분이 빠지기 때문이다. 수족관에 오래 있는 것도 마찬가지다. 수족관에 들어간 이후에는 활어들에게 먹이를 주지 않는 까닭이다. 먹이를 주면 분비물로 물이 오염돼 활어들이 폐사할 수 있기 때문이다. 이는 자연산도 다르지 않다. 자연산이든 양식이든 먼 거리를 이동하지 않고 물에서 바로 건져 올린 것이 맛있다. 그러니 통영의 활어시장에서 먹는 회는 양식이라도 서울에서 먹는 회 맛과는 천지 차이다. 통영 앞바다 양식장에서 바로 건져 올린 것이라 달고 고소하다.

그런데 가끔은 중국이나 일본 등 수입산도 섞여 있으니 그것만 주의하면 된다. 요즈음은 다 원산지 표시가 되어 있어 바로 확인할 수 있다. 굴이나 멍게, 조개류 등의 해산물은 자연산과 양식의 구별이 별 의미가 없다. 어차피 사료 먹여 키우는 것이 아니라 바닷물 속의 영양분을 섭취해서 크는 것들이다. 그러니 자연산이냐 양식이냐보다는 얼마나 깨끗한 물에서 자랐느냐가 관건이다.

철저한 일부일처주의자 참돔

자연산이든 양식산이든 생선회도 제철 생선일 때 더 뛰어난 맛을 즐길 수 있다. 봄에는 도다리나 농어가 맛있다. 중국 진나라 때 사람 장한이 고향 송강의 농어 맛이 그리워 벼슬을 버리고 고향으로 돌아갔다는 고사가 있을 정도로 맛있는 물고기가 봄 농어다. 농어는 1미터까지도 자라는 큰 물고기다. 작은 것은 깔따구, 껄떡 등으로 부르는데 맛이 덜하다. 농어와 넙치 농어 두 종류가 있다. 《증보 산림경제》에도 '농어는 봄과 가을에는 아주 맛이 좋지만 여름철에는 너무 살찌고 기름져서 도리어 그 맛이 좋지 않다'고 했다.

여름은 누가 뭐래도 민어와 장어철이다. 흔히 다금바리와 혼동되는 능성어도 여름부터 가을까지가 제철이다. 능성어는 통영바다에서 양식을 많이 하기 때문에 중앙시장에서는 시중 횟집의 절반도 안 되는 저렴한 값에 맛볼 수 있다. 그 육질은 다금바리 못지않게 쫄깃하고 고소하다. 참돔도 여름이 제철이다. 참돔은 수명이 3, 40년이나 되는 장수물고기다. 옛날에는 행운의 물고기라 해서 잔칫날이면 늘 참돔을 내놨다. 참돔은 아주 철저한 일부일처주의자이기 때문에 암컷이 낚이면 반드시 수컷도 잡힌다는 속설이 있을 정도다. 이런 참돔이 유럽에서는 별 볼일 없는 잡어 취급을 당한다.

가을의 대표선수는 전어와 고등어 등 등 푸른 생선이다. 전어의 산란기는 봄철이지만 먹이가 풍부한 여름에 영양분을 충분히 섭취하기 때문에 가을 전어가 기름지고 맛있다. 과거에는 통영에서 가까운 삼천포 마도 앞바다가 최고의 전어 어장이었는데 지금은 전어도 자연산은 귀물이 돼버렸다. 일본에서도 8월 하순부터 9월 초까지 잡히는 전어를 신고新子라 부르며 가장 귀하게 여긴다.

이 무렵이면 방어, 고등어, 전갱이, 삼치 등 등 푸른 생선은 대부분 기름지고 맛있다. 오징어도 제철이다. 전갱이는 한국에서는 회로 먹는 경우가 드물지만 일본 사람들은 아주 좋아하는 횟감이다. 가을 중앙시장에는 드물게 살아 있는 전갱이가 나온다. 꼭 한번 맛볼 만하다. 전혀 비리지 않고 맛이 달고 깊다. 나그네는 가을이면 전갱이와 고등어회를 즐기는데 술안주로 이만한 것이 없다.

통영에서도 고등어회를 먹기가 쉽지 않았다. 그런데 얼마 전 중앙시장에 고등어회 좌판이 몇 집 생겼다. 고등어는 워낙 성질이 급해 빨리 죽는 생선이라 전문점이 아니면 잘 취급하지 않는다. 전문점들은 값이 만만치 않다. 하지만 이 집들은 아주 저렴한 값에 고등어회를 판다. 그것이 가능한 것은 통영바다에 고등어 양식장이 있기 때문이다. 욕지도와 연화도 바다에서 고등어 양식을 많이 하는데 서울이나 도시에서 먹는 고등어회는 대부분 여기서 가져가는 것들이다. 운송비가 절약되니 통영은 고등어 횟값이 쌀 수밖에 없다. 연화도에서 직접 기른 고등어회를 내놓는 충청도 회초장집도 그중 하나다.

고등어는 양식이지만 양식이 아니다. 치어부터 기르는 것이 아니라 바다에서 잡은 고등어를 그물째 그대로 끌고 와 양식장에 가둬 놓고 얼마간 먹이를 주며 돌본다. 그러다 살이 오르면 출하한다. 고등어는 양식산이 자연산보다 맛있다. 활동량이 적어서 기름지기 때문이다. 그래서 고등어회로 유명한 제주에서도 모슬포와 제주시의 고등어전문점들은 통영산 고등어를 가져다 쓴다.

천하 삼대 진미 통영의 겨울 참숭어

겨울 생선은 대체로 무엇이나 맛이 있다. 복어와 감성돔, 돌돔, 광어, 방어, 히라스, 부시리, 삼치, 병어, 갈치 등이 겨울 횟감의 대표 선수들이다. 감성돔은 가을부터 겨울까지가 제철이다. 지역에 따라 약간의 차이가 있긴 하지만 특히 겨울 감성돔이 최고다. 맛이 담백하면서 달고 쫄깃하다. 숭어도 제철이다. 사람들이 특유의 흙냄새 때문에 꺼리지만 겨울 숭어는 냄새가 없다. 특히 밀치라 부르는 겨울철 통영의 참숭어는 부드러우면서도 찰지고 고소하고 달다. 《자산어보》에도 맛이 좋기로 물고기 중에서 으뜸이라 했고 강호시대 일본에서도 성게알, 고노와다와 함께 참숭어를 천하의 3대 진미로 꼽았을 정도다. 그래서 이수광의《지봉유설》에는 물고기 중 으뜸이라서 수어秀魚라 한다는 유래를 기록하고 있다.

방어는 다들 자연산인 줄 알지만 요즘은 양식을 많이 하는 어종이다. 일본인들이 특히 좋아하는 방어는 물고기의 왕자로 통한다. 50cm 이상은 되는 대방어라야 깊은 맛이 난다. 야드라고 하는 작은 방어는 대방어보다 맛이 떨어진다. 우리나라에서 방어류는 방어, 부시리, 잿방어 등 세 종류가 알려져 있는데 일본말로 히라스라 부르는 잿방어도 겨울이 제철이다. 육질이 쫄깃하고 담백해서 기름진 방어를 싫어하는 사람도 즐겨 먹을 수 있다. 부시리도 부드러우면서도 쫄깃하고 고소하기 이를 데 없다. 방어와 부시리는 체형이 둥근데 잿방어는 길고 모가 난 느낌을 준다. 또 잿방어의 배에는 세로로 누런 줄이 그어져 있다. 어떻든 방어류는 무조건 큰 것을 먹어야 맛있다.

활어회와 선어회, 어느 것이 더 쫄깃할까?

물론 굴도 늦가을부터 겨울이 제철이다. 광어도 늦가을부터 겨울까지가 맛이 가장 뛰어나다. 광어와 도다리를 구별하는 법은 이제

상식이다. 도다리는 가자미목 물고기다. 배를 아래쪽에다 두고 머리 앞쪽에서 사람이 볼 때 눈이 왼쪽으로 몰려 있으면 광어, 오른쪽으로 몰려 있으면 도다리다. 좌광우도.

하지만 시중에는 도다리뿐만 아니라 가자미목의 물고기들 대부분이 도다리란 이름으로 유통되는데 이들 중에는 광어처럼 눈이 왼쪽으로 쏠려 있는 가자미도 있다. 그러니 눈의 방향만으로 광어와 도다리를 구분하기는 쉽지 않다. 그래서 많이 쓰는 구별법이 눈알을 보는 것이다. 광어는 눈자위 부분에 갈색 바탕의 유백색 둥근 점이 있는데 이 점으로 구별한다.

광어의 경우 양식과 자연산을 구분하기가 어렵지 않다. 배 부분에 얼룩이 있으면 양식, 깨끗한 것은 자연산. 하지만 도미 종류는 구분이 쉽지 않다. 참돔의 경우 예전에는 검은 빛이 돌면 양식, 붉은 빛이면 자연산이라 했다. 하지만 요즈음은 붉은 빛을 내는 색소를 먹이니 그 또한 구별이 쉽지 않다. 꼬리 지느러미를 보고 구분하는 것이 좀 더 확실하다. 양식은 지느러미가 작다. 좁은 곳에 갇혀 있으니 힘들여 헤엄칠 일이 많지 않아서다. 하지만 거센 물살을 헤엄쳐야 하는 자연산은 작은 놈이라도 꼬리 지느러미가 크다.

한국 사람들은 즉석에서 잡은 활어회에 대한 맹신이 깊다. 육질이 단단한 회를 즐기는 습성상 바로 잡은 회가 쫄깃하다는 믿음 때문이다. 하지만 생선회는 포를 떠서 저온에 일정 시간 숙성시킨 것이 육질이 더 단단하다. 실험 결과 복어는 12시간, 광어·우럭·돔 등은 5~10시간 사이에 육질이 가장 단단한 것으로 증명됐다. 회를 뜬 직후보다 육질의 단단함이 10~15% 증가한다.

활어회는 활어회 나름의 맛과 매력이 있다는 것을 부정할 수는 없다. 하지만 잘 숙성된 선어회의 맛 또한 그 풍미가 깊다. 어종을 속이는 일부 상인들에 대한 불신 때문에 생겨났던 무조건적인 활어회 선호 문화를 이제 한번 돌이켜 보는 것은 어떨까. 그것이 우리가 생선회의 맛을 더욱 풍부하고 다양하게 즐길 수 있는 방법이 아닐까 싶다.

회 뜨기의 고수들

활어시장은 마치 검투장 같다. 회를 뜨는 숙수마다 각자 나름대로의 비법이 있지만 다들 노련한 검객이다. 칼을 잡은 여검객들. 좌판에 정좌해서 단칼에 활어의 숨통을 끊는 솜씨가 평범한 칼잡이의 그것이 아니다. 어느 여검객은 방어회를 뜬다. 퍼덕거리는 방어의 머리를 칼등으로 때려 기절시킨 뒤 단숨에 멱을 따니 방어의 목이 댕강 잘리고 힘줄에서 피가 솟구친다. 그것을 흐르는 물에 씻으니 피가 쫙 빠져나간다. 생선회는 피를 빼는 것이 관건이다. 피를 잘 빼야 비린 맛이 없다.

포를 뜨고 껍질을 벗기고 부지런히 회를 썰고 있는 아주머니 옆에서 손님이 어떤 집은 방송 타고 나서 대박이 났더라는 소식을 들려주자 아주머니는 칼질을 멈추지 않으면서 대꾸한다.

"난 텔레비전 나왔는데 어째서 사람이 안 올까요. 〈여섯시 내 고향〉에 나왔는데. 통영 사람들은 얼굴 다 한 번씩은 나왔어요."

회를 뜨는 손님 부부는 전북 무주에서 바람 쐬러 통영까지 왔다.

"무주는 여름 계곡하고 겨울 스키밖에 없잖에요."

대진고속도로가 뚫리면서 통영까지 금방이다. 그래서 자주 온다. 본래 계획한 것은 아니었지만 동호회원들과 연락이 닿았다. 회를 떠 가서 함께 술 한 잔 할 생각으로 20만 원 어치를 주문했다. 방어, 광어, 참돔, 전어 등 모듬회가 상자 한가득이다

생선회 좌판의 여자들은 횟감이 모자라면 그날의 손님 드는 추세를 봐 가며 도매상에 추가 주문을 한다. "여기 광어 두 마리만 가 온나." 하면 배달원 사내가 금세 가져다 대야에 담아 준다. 활어시장에는 관광객뿐만 아니라 통영 주민들도 회를 뜨러 온다.

"이모, 잘게 썰어 주이소."

"딸내미는 중학교 다니나?"

회를 뜨는 와중에 안부를 묻고 정담이 오간다.

삼치는 삼치가 아니다

중앙활어시장에는 선어와 조개 좌판도 있다. 조개 좌판의 여자들은 손님이 없어도 노는 법이 없다. 쪼그려 앉아 종일 홍합을 까고 바지락을 까고 딱새우 껍질을 벗긴다. 점심도 앉은 자리에서 배달시켜 먹는다. 잠시도 자리를 비울 수가 없다.

"문어 다섯 마리 2만 원."

문어 좌판 앞에서 살까 말까 궁리하던 손님이 씨알이 작아 뵈는지 그냥 지나친다. 그러자 문어 주인이 뒤통수에 대고 화살을 날린다.

"하나 바꿔 주꾸마."

그러자 손님은 다시 돌아와 얼른 문어를 사간다.

올해 선어 좌판에는 병어가 많이 나왔다. 그러니 당연히 값도 싸다. 횟감용 병어 선어가 8마리 2만 원. 중간 크기니 조림을 해도 되겠다. 초장집에서는 재료를 가져가면 매운탕이나 생선조림 등의 요리를 해주기도 한다.

이 시장의 선어들 중에 통영 사람들이 가장 많이 찾는 생선은 볼락과 전갱이, 고등어 등이다. 하지만 산더미처럼 쌓여 있는 삼치는 좀처럼 사가지 않는다. 관광객들도 마찬가지다. 그래서 대형 삼치가 터무니없이 싼값에 거래된다. 도시에서 유통되는 작은 삼치만 먹어본 사람들은 큰 삼치가 얼마나 맛있는지 모른다.

우리가 흔히 생선구이집에서 먹는 삼치는 사실 삼치가 아니다. 삼치 새끼다. 삼치와 구별해서 '고시'라는 이름으로 달리 부르는데 제대로 맛이 들지 않아 심심하다. 무게가 3킬로 이상은 돼야 비로소 삼치라 부른다. 그런 대형 삼치를 사다 구워 먹어 보면 삼치의 진가를 알 수 있다. 그 진하고 깊고 고소하고 부드러운 속살 맛은 가히 일품이다. 삼치는 워낙 살이 많아 전을 부쳐 먹기에도 좋다. 이 시장에서는 옥돔도 싼값에 나온다. 제주처럼 귀한 대접을 받지 못하기 때문에 값도 저렴한 편이다. 찬찬히 눈여겨 보면 시장은 귀물천지다.

생선회 맛있게 먹는 법

활어시장에서 회를 떴다면 근처의 초장 집을 찾아가면 된다. 자릿세와 양념값을 내면 먹을 수 있다. 나그네는 개인적으로 생선회를 먹는 가장 안 좋은 습관이 초장을 찍거나 쌈을 싸 먹는 것이라고 생각한다. 야채에 된장, 초장, 마늘, 고추 등 자극적인 재료들을 잔뜩 올려서 쌈을 싸 먹으면 생선회의 고유한 맛은 실종되고 만다. 그건 생선회가 아니라 잡탕이다. 생선회를 먹으며 야채를 곁들여 먹는 것은 좋은 일이다. 산성식품인 생선에 알칼리성 식품인 채소를 함께 먹는 것이니 영양의 균형을 이룰 수 있다. 그것이 음식의 궁합이다.

하지만 생선회를 제대로 즐기기 위해서는 회는 고추냉이나 겨자를 곁들인 간장이나 된장 등 한 가지 소스에 찍어 먹고 나중에 야채를 곁들이는 것이 좋다. 여러 종류의 회를 함께 먹을 때도 광어나 도미 등 담백한 맛의 회를 먼저 먹은 뒤 방어나 전어 등 맛이 진한 회를 나중에 먹는 것이 좋다.

요즘 횟집엘 가면 대체로 레몬이 딸려 나온다. 그걸 생선회 위에 뿌리는 사람이 있는데 좋지 않은 습관이다. 레몬은 산성이 강하기 때문에 생선살에 묻는 순간 색이 변해버린다. 레몬은 자신이 먹을 소스에만 뿌려서 먹는 것이 옳다. 나그네는 레몬보다 청유자즙을 뿌려 먹곤 하는데 그 향이 레몬보다 덜 사납고 부드러워서 좋다. 통영은 유자가 많이 나는 고장이니 횟집들에서 수입 레몬보다 청유자를 쓰면 어떨까. 생선구이나 생굴을 먹는 데도 청유자즙을 사용하면 훨씬 더 깊은 풍미를 살릴 수 있을 것이다.

목로집이 그리우면

우럭조개는 이 시장에서 나그네가 맛본 최고의 조개다. 우럭이라고 하면 사람들은 생선을 생각하지만 통영에서는 조개의 한 종류를 부르는 이름이기도 하다. 이 특별한 조개의 참맛을 맛볼 수 있는 기간은 아주 짧다. 겨울 시금치가

전어회도 뼈째 썬 것보다 포를 떠서 숙성시킨 것이 더 깊은 맛이 난다. ⓒ강제윤

가장 맛있을 때 이 조개의 맛 또한 극점에 이른다. 다른 재료를 넣지 않고 살짝 끓이거나 데쳐 먹는 것이 좋다. 달디 달다. 자연의 단맛이란 이런 것이구나! 무릎을 치게 된다. 기교를 부리지 않아도 재료 자체로 완성되는 맛이란 이를 두고 이르는 말이다.

시장에는 문어나 자연산 가리비 등을 싸게 살 수 있는 집들도 많다. 건어물 골목 입구에는 문어를 직접 잡아다 파는 집도 있다. 문어는 보양식으로 널리 알려졌지만 타우린 성분이 풍부해 해독작용도 뛰어나다. 술안주로 문어가 좋은 이유다. 사람들은 대체로 문어를 숙회로 먹지만 나그네는 꾸덕꾸덕 말려서 버터에 구워 먹는 것을 즐긴다. 또 문어죽도 별미다. 술 마신 다음날 속을 달래는 데 그만이다.

중앙시장에는 전통죽만을 파는 죽집도 여러 곳이 있다. '전통맛죽집' 주인은 작은 가게에서 9년째 매일같이 죽만 끓인다. 고구마 빼떼기죽, 호박죽, 녹두죽, 팥죽, 깨죽, 팥칼국수 등을 판다. 특히 녹두죽은 아프거나 쓰린 속을 달래는 데 그만이다. 시장에는 또 제사나 잔치 음식만 만들어 파는 집들도 있다. 생선찜, 산적, 지짐, 각종 나물 들을 판매한다. 굳이 행사가 아니어도 안줏거리로 사다 먹으면 좋다. 특히 민어나 우럭, 돔을 말려서 쪄낸 것은 안주로 최고다. '찌짐나라', '대보름집'이 그런 집들이다. 매일 직접 만드는 '여포두부집'의 두부도 아주 고소하고 맛있다.

중앙시장 안에는 초장집을 겸하는 오래된 목로주점이 여러 곳이다. 허름한 선술집 분위기에 취해 보고 싶다면 중앙시장 내 송학횟집 옆 골목의 목로집 들을 찾아가면 된다. '로진실비', '만남광장', '이모식당', '부산식당', '혜화식당', '은희식당', '고성식당', '연정식당', '미성소주방' 등이 그런 집들이다. 생선구이, 매운탕, 장어구이, 장어탕, 아구찜, 낙지볶음, 가오리무침 등의 안주를 내놓는다. 로진실비나 미성소주방 같은 집들은 정해진 메뉴 없이 주인이 그날그날 마련한 안주를 내놓는 진짜 목로다.

3
Tongyoung

정신줄을 놓게 하는 맛

통영의 겨울 굴 한 접시를 먹는 것은 바다를 통째로 마시는 일이다. 나그네가 통영에 살면서 맛본 최고의 굴요리를 꼽으라 하면 단연 통영식 굴젓이다. 소금에 약간 절인 굴에 물과 수저로 긁어낸 무와 양념을 넣고 삭힌 통영식 굴젓은 막혔던 가슴이 뻥 뚫리게 만들 정도로 시원한 맛이다.

도다리쑥국 향내에 짙어가는
통영의 봄

Tongyoung

**눈이 한쪽으로
쏠려 있는
가자미류**

사람은 이루지 못할 사랑에 더 애가 탄다. 류시화 시인이 〈외눈박이 물고기의 사랑〉이란 시에서 외눈박이 물고기라고 노래한 비목어는 가자미목 붕넙치과의 넙치가자미를 이르지만 가자미류를 통칭하기도 한다.

"동방에 비목어比目漁가 있는데 눈이 하나뿐이므로 두 짝이 서로 합해야만 전진할 수 있다."

중국 동진 때 사람 곽박郭璞. 276~324의 저서 《이아주爾雅注》에 나오는 이야기다. 시인은 이 책의 내용을 차용해 시를 썼으나 이는 와전이다. 실상이 아니란 이야기다. 가자미류의 눈이 한쪽으로 쏠려 있는 것이 와전되어 눈이 하나뿐인 외눈박이 물고기로 둔갑하게 된 것이다. 시인이 비목어 이야기의 허황됨을 모르고 시를 썼을까? 그렇지 않을 것이 다. 비루한 삶 속에서 끊임없이 신비를 찾아내는 자가 시인이 아닌가. 우리가 신비라 여기는 것들은 실상 순백으로 빛나는 흰 눈이 덮인 황무지와 같다. 한 자락 햇빛에도 금세 녹아 본질은 여지없이 드러나고 만다.

하지만 사람은 신비에 눈 감고는 살 수 없는 존재다. 신비가 없다면 삶이란 더 이상 신비로운 것이 아니기 때문이다. 손암 정약전은 《자산어보》에서 바다 보기가 어려운 중국인들이 비목어에 대한 와전된 지식을 사실이라고 믿는 것을 실증으로 반박한다.

'우리나라의 바다에서 나는 이 넙치 가자미는 크고 작은 여러 종류가 있으며 속칭이 각각 다르고 개체가 독립돼 있다. 그리고 암수가 있으며 두 눈이 치우쳐 붙어 있으며 입은 가로로 찢어져 있다. 얼핏 보면 외짝으로 가기 어렵다고 하나 실험해 보면 한 쌍이 서로 나란히 가는 것이 아니다.'

몸이 넓적한 가자미는 늘 바다 밑바닥에 몸을 찰싹 붙이고 산다. 몸의 한쪽을 늘 빛이 없는 바다 밑바닥에 붙이고 있기 때문에 원래 밑에 있던 눈이 빛이 있는 위쪽으로 돌아버려 양면인 가자미류의 눈이 한쪽 면에만 몰려 있는 것이다.

통영에서는 입춘 전후 솟아나는 해쑥을 먹으면 한 해 병치레를 하지 않는다는 속설이 있다. 그래서 봄철 통영은 온통 도다리쑥국 끓이는 향내로 진동한다. 도다리는 비목어인 가자미 종류 중 하나다. 통영의 솥들에서는 그 외눈박이 물고기 비목어에 대한 사랑이 절절 끓는다. 원래 깊이 사랑하면 먹거나 먹히는 것이다. 그래야 네 살과 피가 내 피가 되고 살이 된다. 내 피와 살이 네 살과 피가 된다. 그렇게 사랑은 먹고 먹힘으로써 온전히 하나가 되는 것이다.

약선 음식인 도다리쑥국

통영의 들판도 통영의 바다도 이미 봄빛에 짙게 물들었다. 육상의 먹거리처럼 해산물도 제철이 있다. '봄 도다리', '가을 전어'라는 말이 있는 것은 그 때문이다. 봄에는 살 오른 도다리가 맛있고 가을에는 기름진 전어의 맛이 뛰어나다. 참돔은 여름에 맛있고 감성돔은 겨울에 맛있다. 농어는 6~7월이 제철이다. 대구는 겨울 대구다. 조개는 4~5월이 맛있다.

가자미의 일종인 도다리는 가자미목 가자미과 도다리속이다. 가자미는 넙치과와 붕넙치과와 가자미과의 넙치가자미, 동백가자미, 참가자미, 목탁가자미, 줄가자미, 용가자미, 문치가자미, 돌가자미, 도다리, 강도다리 따위를 통틀어 이르는 말이다. 가자미류는 500종이 넘는다. 그 중 도다리는 회색이나 황갈색 몸에 크고 작은 반점이 온몸에 산재해 있다. 지방이 적고 단백질이 다른 생선보다 많아 맛이 담백하다.

같은 가자미목으로 도다리와 생김새는 비슷하지만 넙치과의 광어넙치

봄 쑥은 통영 섬 사람들의 소득원이기도 하다. ⓒ이상희

는 가을, 겨울이 제철이다. 봄 광어는 맛이 없다. 그래서 '3월 넙치는 개도 안 먹는다'는 식담이 생겼다. 광어와 도다리를 구별하기는 쉽지 않다. 그런대로 손쉬운 구별법은 좌광우도다.

이른 봄 통영 바다에는 도다리가 많이 올라온다. 도다리는 물때가 부드러워야 잘 잡힌다. 보통 물살이 세지 않은 13물에서 15물까지와 1물 때에 많이 잡힌다. 물살이 너무 셀 때는 물고기도 떠밀려 이동을 못하니 잘 잡히지 않는다. 겨울 두 달 간은 산란철이라 금어기다. 봄 도다리라고는 하지만 사실 도다리가 최고로 맛있을 때는 알이 꽉 찬 산란철이다. 하지만 알밴 도다리를 잡는 것은 불법이다. 게다가 지속가능한 생태계를 위해서도 옳은 일이 아니다. 참을 건 참을 줄 알아야 오래간다. 산란 직후의 도다리들은 살이 물러 회로 먹기에는 적당치 않다. 늦겨울 산란을 끝내고 본격적인 먹이 활동을 시작하는 도다리는 봄이면 살이 부쩍 오른다.

살이 단단해지기 전 무른 도다리를 맛있게 먹기 위해 고안해낸 방법이 쑥을 넣고 국을 끓이는 것이다. 쑥은 혈액 순환을 촉진하여 따뜻한 피가 돌게 하고 면역력을 증가시켜 주는 약초다. 좀더 멀리 가자면 우리 민족의 시조인 단군의 어머니 웅녀가 본래 곰이었는데 쑥 한 타래와 고작 마늘 스무 개만 먹고 사람이 되었다지 않는가. 아! 신화의 시대에는 사람 되기 참 쉬웠다! 지금은 평생을 살아도 사람 노릇하기 얼마나 어려운 세상인가!

아무튼 곰을 사람으로 만들어 주기까지 한 쑥이니 더 무슨 말이 필요하랴! 거기다 도다리는 《동의보감》에 '허虛를 보하고 기력을 더하게 하

도다리쑥국 한 그릇 먹으면 한 해 병치레를 안 한다.

고, 많이 먹으면 조금 동기動氣한다'고 기록되어 있을 정도로 보양식이다. 그러니 도다리쑥국은 그대로 음식이 곧 약인 최고의 약선 음식이 아니겠는가.

오늘도 나그네는 통영 중앙시장 안 단골식당 송학횟집에서 도다리쑥국으로 기력을 보충한다. 이 집은 얼큰한 쑤기미 매운탕이나 시원한 물메기국도 잘 끓이지만 도다리쑥국 끓이는 솜씨도 보통이 아니다. 맑은 국물 한 수저를 떠 넣으니 입 안 가득 쑥향이 고이고 도다리 살은 입 속에 들어가자마자 봄눈처럼 사르르 녹아버린다. 무른 도다리는 오래 끓이면 살이 부서진다. 그래서 도다리는 살이 익을 정도로만 살짝 끓였고 쑥 또한 푸르르 익혀 푸른빛이 그대로다. 재료 본연의 맛이 그대로 살아있다.

어린 쑥은 생선의 비린 맛을 잡아 주면서도 향이 진하지 않아 도다리살의 담백하고 고소한 맛을 방해하지 않는다. 두 재료가 어우러졌으되 함부로 섞이지도 않았다. 소금 간 외에 자극적인 양념을 배제하고 끓였다. 음식에서 양념의 절제가 얼마나 훌륭한 미덕인지를 새삼 확인시켜준다. 통영의 도다리쑥국이야말로 절제의 미학이 구현된 최고의 봄 음식이다. 도다리쑥국 한 그릇을 국물 한 방울 남기지 않고 싹 비웠다. 이마에 땀이 송골송골 맺힌다. 봄을 만끽한다는 말은 이를 두고 이름이 아니겠는가.

아랫도리 무거워 문지방을 못 넘게 만드는 쑥국

통영에서는 도다리뿐만 아니라 물메기나 조개에도 쑥을 넣고 끓여내는 풍습이 있다. 궁합이 맞아 어느 것이든 향기롭다. 쑥은 다 자란 쑥보다 어릴 때 기운이 더 넘친다. 그 부드럽고 여린 순으로 단단하게 얼어 있는 땅을 뚫고 나오니 그 생명력이 어떠하겠는가. 쇠도 뚫는다는 새순이다. 히로시마에 원자폭탄이 떨어진 뒤 황무지가 된 땅에서도 가장 먼저 솟아난 풀이 쑥이었다 한다. 옛날 섬사람들은 쑥을 약재로도 귀히 여겼다. 쇠에 찔렸을 때 방치해 두면 파상풍에 걸리기 십상이다. 잘못되면 파상풍 때문에 팔다리를 자르는 일도 많았으니 참으로 무서운 병이다. 그런데 쑥을 끓인 물에 상처를 담그면 절대로 파상풍에 걸리지 않았다 한다.

"아직까지 병원을 안 가보고 살아요. 병원하고 담을 쌓그 살아요."

쑥을 상식했다는 추도 어부의 말씀이다. 쑥은 치료약이면서 보약이다. 그래서일까. 통영 지방에 전해 내려오는 식담이 하나 있다.

"정월 보름 전 쑥국을 세 번 먹으면 붕알이 무거워 문턱을 못 넘는다."

겨울을 이기고 솟아난 해쑥은 그만큼 약효가 뛰어나다는 뜻에서 나온 식담일 것이다. 쑥은 조혈 작용에 도움을 주어 피가 잘 돌게 하니 지당한 말씀이지 싶다. 이런 불끈거리는 식담을 듣고도 도다리쑥국 한 그릇 못 먹어 보고 봄을 넘긴다면 그 또한 얼마나 서글픈 봄이 되겠는가.

2
5월 멍게는 새 며느리한테도 안 준다!

**바다의 물총!
멍게의 재발견**

봄이면 통영 바다에는 꽃이 핀다. 뭍에서 동백과 매화와 벚꽃이 흐드러질 때 통영 바다 곳곳에도 붉은 꽃이 화려하게 피어난다. 그 꽃의 이름은 멍게 꽃이다. 멍게 수확이 시작되는 봄이 되면 양식장에서 수확한 멍게를 어선들이 끌고 오는데 그 모습이 마치 바다 위에 꽃이 핀 것처럼 보인다. 그래서 봄철 통영 바다는 그야말로 꽃들의 잔치판이 된다!

멍게가 도시인들의 입맛을 사로잡기 시작한 것은 그리 오래된 일이 아니다. 예전에는 해안 지방 사람들만 멍게를 먹었다. 해녀나 잠수부 들이 채취한 자연산 멍게는 귀한 해물이라 대중이 먹기 어려웠다. 멍게가 지금처럼 널리 퍼진 것은 1970년대 이후 통영을 비롯한 해안 지방에서 멍게 양식을 시작한 덕분이다.

멍게를 처음 맛본 사람들은 그 독특한 향에 끌리기도 하지만 그 향 때문에 싫어하기도 한다. 멍게 특유의 향은 알코올 성분인 신티올cynthiol에서 비롯된다. 육상에 나온 시간이 오랠수록 향이 강하다. 아직도 너무 진한 향이나 질감 때문에 멍게를 먹기 거북해하는 이들도 있다. 하지만 통영에서 먹는 멍게에는 그런 거북함이 전혀 없다. 통영 바다에서 바로 건져 올린 싱싱한 것들이기 때문이다. 그래서 사람들은 통영에서 멍게를 먹어 보고 그 맛에 놀라며 감동한다.

"이게 진짜 멍게 맞아!"

멍게의 재발견인 것이다. 도시의 수족관에서 오래 보관된 멍게는 향이 짙고 떫은맛이 강해진다. 그 때문에 멍게를 꺼리던 사람도 통영에 와서는 새로운 맛에 입을 다물지 못한다. 향은 은은하고 맛은 상큼하면서도 달고 고소하다. 멍게는 우렁쉥이라고도 하는데 영어로는 시스쿼트Sea Squirt, 바다의 물총이다. 멍게란 말은 우렁쉥이의 경상도 방언이었지만 보편화되면서 표준어의 자리에까지 올랐다. 이제는 우렁쉥이보다 멍게란 말을 더 많이 쓴다.

멍게의 몸 빛깔은 보통 붉은색이거나 오렌지색이지만 가끔 어두운 갈색이나 흰색도 있다. 몸통 위쪽 끝에는 입수공과 출수공이 열려 있어 이곳으로 바닷물이 드나든다. 또 입수공 바로 아래에는 바구니 모양의 아가미 주머니가 있는데 여기로 바닷속의 플랑크톤이나 각종 유기물을 걸러서 먹는다. 멍게는 보통 얕은 바다의 암석이나 해초, 조개 등에 붙어서

살지만 2000m 이상 깊은 해저에 사는 것들도 있다 한다. 멍게는 한국뿐만 아니라 홍콩, 일본 등지에서도 즐기는 해산물이다.

피로회복제보다
빠른 효과를
내 주는 멍게

멍게 특유의 맛을 내는 불포화 알코올 신티올cynthiol은 숙취 해소에 도움을 주고 인슐린 분비를 촉진시키며 당뇨에도 효과적이라 한다. 또 살 속의 글리코겐 성분은 성장강화, 감기, 기침, 천식에 도움을 주는 것으로 알려져 있다. 글리코겐은 사람의 몸이 포도당을 필요로 할 때 저장된 포도당을 빠르게 공급할 수 있는 다당류다. 그래서 글리코겐이 많은 멍게를 먹으면 피로회복에 빠른 효과를 볼 수도 있다. 피로회복제보다 낫다!

멍게는 인체에 꼭 필요한 미량의 금속 바나듐 성분을 지니고 있어 심혈기관 기능에 도움을 주고 신진대사를 원활하게 하는 효과도 있다. 일본 도호쿠 대학의 연구결과에 따르면 알츠하이머병노인성 치매 예방에도 효과가 있는 것으로 확인됐다.

굴이 가을, 겨울이 제철인데 비해 멍게는 봄, 여름이 제철이다. 굴이 끝물로 접어드는 초봄이면 통영은 굴 세상에서 멍게 세상으로 옷을 바꿔 입을 준비를 한다. 겉보기에 멍게는 알이 여물어야 맛있다. 알이 탱탱하게 여물어야 향도 좋다. 멍게 알을 까고 껍질을 벗겼을 때 노란빛이 나는 살이 맛있다. 멍게는 봄, 여름 중에서도 5월에 그 맛이 절정이다.

멍게와 달리 돌멍게는 7~8월이 더 맛있다. 해산물에도 제철이 있는 것이다. 이 무렵에 멍게나 돌멍게를 맛있게 먹어본 사람이 다른 철에 먹어보고 맛없게 느끼는 것은 제철이 아니기 때문이다. 그래서 일본에서는 '5월 멍게는 새 며느리에게도 안 준다'는 속담이 있을 정도다. 제철 멍게가 최고라는 뜻이 아니겠는가.

용왕님이 알아서 해주는 멍게 양식

통영의 멍게 양식은 1970년대부터 시작되었다. 1973년 통영 살던 최두관 씨가 자연산 멍게의 씨를 받아 양식을 한 것이 최초다. 멍게 양식이 이제는 통영 지방의 가장 큰 소득원 중 하나가 됐다. 통영 거제 바다의 멍게가 전국 생산량의 70%를 차지한다. 통영 거제 지역에서만 연간 1만5000톤 가량을 생산해낼 정도로 성장했다. 한 사람이 뿌린 씨앗이 온 바다에 퍼졌다.

멍게 양식은 야자수로 만든 로프에 유생을 부착시켜 바닷속에 매달아 키우는 것이다. 부화부터 수확까지 굴은 1년이면 되지만 멍게는 2년 반 가량 걸린다. 수익성은 굴보다 크다. 굴은 수익이 적은 대신 투자비용이 적게 드는 반면, 멍게 양식은 수익성이 큰 만큼 투자비용도 크다. 굴은 상대적으로 안전한 사업에 속한다. 하지만 멍게는 위험한 사업이다. 근래 가장 큰 위험은 물렁병이다. 물렁병이 한번 왔다 하면 양식장이 다 초토화된다.

물렁병이 나타난 것은 1990년대 후반부터다. 양식장의 멍게가 껍질이 부드럽고 물렁물렁해지면서 끝내는 껍질이 터져 죽게 되는 것이 물렁병이다. 물렁병으로 해마다 연간 400억 원대의 피해가 발생해 왔다. 최근에야 물렁병의 원인이 밝혀져 예방의 길이 열렸지만 여전히 물렁병은 멍게 양식업자에게 저승사자 같은 것이다.

그만큼 위험 부담을 안고 하는 것이니 사람들은 멍게 양식을 투기사업이라 한다. 양식업자들도 멍게양식을 '짓고땡'이라 말한다. 노름 같다는 뜻이다. 하지만 멍게는 한번 바다 양식장에 넣어 놓으면 추가 비용이 안 드는 이점이 있다. 사료를 먹이는 것이 아니기 때문이다. 물렁병만 안 생기면 힘들이지 않고 큰 이익을 남길 수 있다. 그래서 양식업자들은 멍게 양식을 자신들이 아니라 "용왕님네가 알아서 한다."고 말한다.

멍게는 값의 등락이 심하다. 50kg 한 컨테이너에 5만 원 할 때도 있고 10만 원이 넘을 때도 있다. 10만 원만 넘으면 돈이 된다. 멍게 양식은 한 줄을 한 봉이라 하는데 한 봉에 보통 두세 컨테이너가 나온다. 2, 3천 봉이면 10억, 1만 봉을 하는 사람은 1년에 2, 30억 원을 번다. 가히 바다의 로또다! 멍게 양식업이 투기성이 큰 까닭에 양식업자들은 바다는 자기

운이 있다고 믿는다. 운이 한두 해만 거들어 줘도 평생 먹고 살 돈을 벌고도 남는 것이다.

봄철 통영의 대세 멍게비빔밥

나는 가끔씩 동피랑 아래 중앙시장에 내려가 멍게를 사다가 집에서 막걸리와 함께 먹는다. 하지만 초장에 찍어 먹는 것을 극도로 싫어한다. 초장에 절여지면 재료 본래의 맛을 느낄 수가 없다. 그 맛이 그 맛이다. 그래서 나는 나름대로 소스를 만들어 먹는다.

멍게의 경우 막걸리 식초나 발사믹 식초에 간장을 약간 첨가해 먹었더니 그 풍미를 더 깊게 느낄 수 있었다. 나는 또 멍게 샐러드를 만들어 막걸리 안주로 먹기도 한다. 야채와 멍게에 올리브 오일과 발사믹 식초만 뿌려 먹는다. 멍게의 신선함이 살아 있으니 그 또한 입이 즐겁다.

요즈음 통영 멍게 요리의 대세는 아무래도 멍게비빔밥이다. 멍게비빔밥은 근래에 갑자기 만들어진 것이 아니다. 예부터 통영 지방의 민가에서 흔하게 해먹던 것을 상품화시킨 것이다. 윤이상 선생도 멍게를 특히 좋아했다고 한다. 통제사 밥상 전수자인 제옥례 선생의 증언이다.

"멍게비빔밥은 해산물이 풍부한 이곳에서 자주 만들어 먹던 메뉴야. 해물 듬뿍 넣고 고추장에 비비기만 하면 되니까 쉽게 만들어 먹을 수 있

멍게는 5월에 그 맛이 절정이다. 최근 통영 멍게 요리의 대세는 멍게비빔밥이다. ⓒ이상희

지. 특별한 날이나 입맛 없을 때 별미로 먹으면 좋아. 지금 통영음식으로 상품화한다면 내가 볼 때 통영비빔밥과 멍게비빔밥이 1순위야." _{한산신문 김영화 기자 '통제사 밥상 전수자 제옥례 선생' 인터뷰 중에서}

멍게비빔밥은 집에서도 간단하게 해먹을 수 있다. 보통 멍게 젓갈로 비빔밥을 하는데 사실 젓갈보다는 생멍게로 만든 비빔밥이 훨씬 더 싱그럽다. 멍게를 사서 멍게를 잘게 자른 뒤에 새싹채소나 채를 썬 오이 등의 야채를 넣고 양념을 뿌려 비비면 된다. 이때도 초고추장은 피하는 것이 좋다. 소금으로 간을 하고 참기름, 참깨, 매운 고추 약간을 넣고 비비면 된다.

시간이 있다면 자른 멍게에 소금, 참깨, 다진 고추 등 속을 넣고 잘 섞은 다음 한두 시간 정도 냉장 숙성시킨 뒤 먹어도 좋다. 먹을 때 채소와 참기름 약간을 넣고 바싹 구운 김을 잘게 부셔 넣어 비비면 더욱 맛있다. 이제는 멍게를 회로만 먹지 말고 직접 멍게비빔밥을 만들거나 샐러드로 먹어 보면 좋지 않겠는가!

3
천계의 옥찬, 마계의 기미 통영 복국

**복어는 먹고 싶고
목숨은 아깝고**

"복어는 천계天界의 옥찬玉饌이 아니면 마계魔界의 기미奇味다. 복어를 먹으면 신통하게도 체내의 불화不和가 사라지고 엄동설한의 추위도 잊어버리게 한다."

《미미구진美味求眞》이란 책에서 인용했다는 어류학자 정문기 선생의 《어류박물지》에 나오는 이야기다. 겨울 통영은 복국의 계절이기도 하다. 독이 있는 물고기들은 대체로 맛이 뛰어나다. 독성이 강한 생선의 대표 주자는 복어지만 복어만큼이나 맹독을 가진 독어들도 적지 않다. 쏨뱅이나, 쏠베감펭, 가시 달갱이, 쏠종개, 독가시치 등은 독가시를 가지고 있고 한없이 유순해 보이는 물메기도 입 덮개에 독이 있다.

한·중·일 세 나라만이 아니라 동남아, 이집트 사람들도 복어를 좋아한다. 생명의 위협을 무릅쓰고라도 복어를 탐하는 이유는 그 맛이 워낙

종잇장처럼 얇게 포를 떠 접시 바닥이 비치는 복어회와 통영 복요리들.
하얀 복회가 마치 나비처럼 날아갈 듯하다. ⓒ이상희

정신줄을 놓게 하는 맛

뛰어나기 때문이다. 복어의 내장과 알 등에는 테트로도톡신이란 독이 있다. 복어의 학명인 테트로도에 독톡신이 더해진 이름이다. 복어의 독은 산란기인 5~7월 사이에 가장 강하다. 가을, 겨울 동안은 독성이 약해진다. 한때 일본에서는 복어 독에 중독돼 죽은 사람이 한 해 200명이 넘은 적도 있었다. 30cm짜리 자지복 한 마리의 독이 33명을 죽일 수 있다. 복어는 청산가리의 열 배 이상의 독성을 갖고 있다.

그럼에도 사람들은 끊임없이 이 위험한 물고기를 탐식한다. 복어 중에서도 맹독을 가진 복어일수록 맛이 일품이니 그 유혹 또한 강렬하다. 미국 FDA도 복어를 캐비아, 푸아그라, 트뤼플송로버섯과 함께 세계 4대 진미식품으로 선정했을 정도다. 중국 송나라 때 시인 소동파도 "복어의 신비한 맛은 생명과도 바꿀 만한 가치가 있다."고 찬양했다. '복어는 먹고 싶고 목숨은 아깝고'라는 일본의 식담이 전해지는 것도 그 때문이다. 조선시대 사람들도 복어에 대한 탐식이 지나칠 정도로 높았던 모양이다. 유중림은 그의 저서 《증보 산림경제》에서 복어 독의 위험성을 잘 알면서도 사람들이 탐식 때문에 죽는다고 개탄하고 있다.

"피와 알에 무서운 독이 들어 있는데 잘못 먹으면 반드시 사람이 죽는다. 이를 알지 못하는 사람이 없지만 한때의 별미를 탐하여 종종 그 독에 빠지게 되니 참으로 개탄할 일이다."

복어라고 다 똑같은 독을 가지고 있지는 않다. 더러 밀복, 가시복, 거북복처럼 독이 없는 복어도 있다. 하지만 우리가 즐겨 먹는 황복, 졸복, 검복, 매리복 등은 가장 위험한 맹독성 복어들이다. 또 눈개불복, 까칠복, 까치복, 자지복 등도 강독을 가졌다. 복어의 독은 벚꽃이 필 때 가장 강하다. 그때가 최고로 영양 상태가 좋아 맛도 최상이다. 그러나 아무리 맹독의 복어라도 전문요리사가 독을 제대로 제거하기만 하면 무탈하다. 대체로 복어 독이 화를 부르는 것은 더한 자극을 즐기려는 욕심이나 객기 때문이다.

술꾼들에게 복어는 무엇과도 바꿀 수 없는 유혹이다. 복어회 한 접시는 천상의 안주이고 북국 한 그릇은 술독을 푸는 데 명약이다. 복어는 겨울이 제철이다. 복어회는 종잇장처럼 얇다. 비싼 생선이라 귀해서 얇게 써는 것이 아니다. 복어는 육질이 단단하기 때문에 두텁게 썰면 질기다. 그래서 나비가 날아갈 듯이 얇게 포를 뜬다.

복어는 뽀지, 복쟁이, 점복, 복장어 등의 다양한 이름으로 불린다. 나그네의 고향 완도에서는 복쟁이라 하는데 통영에서는 뽀지, 혹은 복지伏只다. 석기시대 패총에서 복어뼈가 출토될 정도로 복어를 식용한 역사는 길다. 중국에서는 황복을 강돈江豚 혹은 하돈河豚이라 했다. 우는 소리와 맛이 돼지와 비슷하다는 이유에서다. 세계적으로 100여 종류의 복어가 있으며 한국 바다에는 20여 종의 복어가 산다.

복국 한 그릇을
먹는 세 가지 방법

통영의 유명한 뽁찌집은 서호시장과 중앙시장에 몰려 있다. 통영은 이 나라에서 복국 문화가 가장 발달한 고장이다. 이름난 복국집들이 즐비하다. 과거 복이 많이 나던 시절에는 통영 항남동에 복포 공장도 세 곳이나 있었다 한다. 오래전부터 통영은 복어의 집산지였다. 지금도 복요리로 그 명맥을 유지해 가고 있다.

서호시장 인근에서 가장 오래된 복국집은 '호동식당', '분소식당' 등이고 중앙시장에서는 '동광식당'이 그중 유서 깊다. 동광식당 정정호 대표에게 복어 이야기를 청했다. 요즘 통영 복국집들의 주재료는 졸복이다. 《자산어보》에서는 소돈小魨, 속명을 졸복拙服이라 한다고 했다. 복어 종류 중 작다 해서 졸복이라 하지만 아주 큰 것은 35cm까지 자라니 작다고 할 수 없다. 졸복은 난소와 간장에는 맹독이 있고 피부와 장에도 강독이 있다. 하지만 정소에는 비교적 약한 독이 있으며 살과 피에는 독이 없다.

복 중에서 가장 작은 것은 복섬grass puffer이란 복어다. 가장 커 봐야 15cm 정도다. 흔히 바닷가에서 낚시할 때면 귀찮게 달라붙는 녀석들이 이 복섬이다. 통영에서도 졸복뿐만 아니라 복섬으로 국을 끓여내는 집들도 있다. 요즘은 대체로 종류와 무관하게 작은 복으로 끓이는 복국을 졸복국이라 통칭한다. 복섬보다는 졸복의 맛이 좀 더 뛰어나다.

통영 복집들이 본래부터 졸복을 썼던 것은 아니다. 졸복은 작아서 손질하기 성가시고 품이 많이 드는 까닭에 예전에는 잘 취급하지 않았다. 옛날에는 까치복, 밀복, 참복 등 큰 복을 주로 썼다. 그중에서도 점밀복, 흰밀복, 흑밀복 등 밀복 종류를 많이 썼다. 하지만 큰 복들이 잘 잡히지 않으면서 많이 나는 졸복에 눈을 돌렸다. 그런데 끓이고 보니 크기는 작아도 졸복의 맛이 밀복보다 깊었다. 개운함도 더했다. 다른 지방의 졸복도 써봤지만 그중 통영 바다의 졸복이 단연 최고였다. 육질도 더 쫄깃하고 국물도 시원하다. 물론 냉동이 아닌 생복을 썼을 때 이야기다.

지금이야 규모가 큰 복집들이 많이 생겼지만 옛날에는 상호도 없이 작은 탁자 두어 개 놓고 장사하던 식당들에서 손님의 주문이 있으면 가끔씩 끓여내는 것이 고작이었다. 아니면 고급 일식집들에서나 맛볼 수 있었다. 그러다 복국집이 성행하기 시작한 것이 30년 전쯤이다. 역사가 40년이 넘은 호동식당, 동광식당, 분소식당 들이 통영 복국 1세대 중 살아남은 복국집들이다. 정 대표는 복어 다루는 법을 고등학고 1학년 때부터 배웠다. 식당을 하던 아버지에게 전수받은 것이다. 정 대표의 아버지는 일제시대 부산 온천장 부근의 일본 식당에서 일하며 복어 다루는 법을 배워 식당을 차렸다.

정 대표는 보통 일식집 같은 데서 복국을 끓일 때 레몬 한 조각씩을 넣는데 그러면 개운한 맛이 덜하다고 말한다. 식초를 넣어 먹는 것도 마찬가지란다. 식초를 넣으면 복국 본연의 맛이 줄어든다. 복맛이 아니라 식초 맛이 되어 버린다는 것이다. 복국에 미나리나 식초를 넣는 것은 해독

작용을 돕기 위해서였다. 전문요리사의 손길을 거친 복국은 식초를 넣지 않아도 무방하다.

음식 맛에는 정석이 없다. 각자 입맛대로 먹으면 될 것이다. 물론 각각의 맛을 따로 음미해보는 것도 방법이다. 그래서 나그네는 한 그릇의 복국을 세 가지 방식으로 먹는 법을 터득했다. 처음에는 그냥 맑게 먹다가 다음엔 밥을 말아서 먹고 마지막엔 식초를 약간 넣어 먹는다. 그러면 세 가지 국물 맛을 다 맛볼 수 있다. 끝에 식초를 넣는 것은 같은 맛의 지루함을 없애주고 입맛을 되살려 마지막 남은 한 방울의 국물까지 남김없이 다 먹을 수 있게 해 주기 때문이다.

"나도 책에서 본 건데 일본에서 한때는 복을 먹으면 처형시킨다고 국법으로 정했다고 해요. 복을 먹고 워낙 많이 죽으니까 그랬겠죠. 그래도 몰래 먹었다고 그래요. 복 먹고 죽으나 칼 맞고 죽으나 죽는 건 한가지니까."

복이 가장 맛있는 철은 언제일까. 보통 10월부터 3월 사이에 잡히는 복어가 가장 맛이 좋다고 알려져 있다. 겨울 생선은 대체로 맛있으니 틀린 말은 아닐 것이다.

하지만 정 대표는 "복은 배추꽃 필 때, 보리누름 때가 젤로 맛있다."고 주장한다. 5월 중순에서 6월 중순까지가 최고라는 것이다. 그 시절은 산란기라 복 먹는 것을 되도록 피하라고 하는데 어찌된 일일까. 그 무렵 복어들은 수면 위를 날아다니는 나비까지 잡아먹는다. 그래서 '나비 먹은 복을 먹으면 즉사한다'는 속설까지 있다. 그만큼 맹독이다.

정 대표는 산란기 때의 복을 먹지 말라는 것은 독성이 가장 강하니 조심하라는 이야기지 복이 맛없어서가 아니란다. 오히려 산란을 위해 비축해둔 영양분이 가장 많을 때라 육질도 탱탱하고 절정의 맛을 자랑한다는 것이다. 특히 수컷의 곤(정소, 이리)이 특미라고 한다. 곤뿐만 아니라 알도 물론 최고의 맛일 것이다. 하지만 애석하게도 알은 먹을 수 없다. 죽음의 알이기 때문이다. 대부분의 복어는 알에 가장 강한 독이 들어 있다. 하지만 곤은 미독이 있어도 독을 완벽하게 제거하면 안심하고 먹을 수 있다.

"이리를 먹으면 입안에서 보드라운 것이 퍼져요. 그 우유처럼 하얀 것이 입 안 가득 고이면 달콤하고 고소해요."

정 대표는 5월에는 복어 곤 맛을 꼭 보여주겠다고 찾아오란다. 잔뜩 기대가 된다.

복 지느러미 술은
딸기코 치료에
특 효 약

참복이나 금복, 자지복 등 큰 복의 지느러미는 깨끗이 씻어 볕에 말린 뒤 구워서 정종이나 소주에 넣어 먹는다. 일본 말로 '히레사케'가 그것이다. 복 지느러미 술을 마시면 알코올이 혈관 속으로 스며드는 것이 느껴진다. 물론 술이 확 오르지만 또한 깨기도 금탕 깬다. 복 지느러미 술은 많이 마셔도 속이 쓰리고 아픈 것이 없다. 약간의 미독이 약으로 작용하는 때문일까. 특히 이 술은 술독으로 인한 딸기코를 치료하는 데도 특효약으로 알려져 있다.

옛날에는 복의 독을 잘 제거하고 꼬치에 끼워 바짝 말려 놨다가 딱딱한 메주콩과 함께 가마솥에 넣고 끓여 먹었다. 혹시 남아 있을지 모르는 독은 메주콩이 삶아질 정도로 열을 가하면 없어진다고 믿었기 때문이다. 하지만 복어 독은 열을 가해도 없어지지 않는다. 근거 없는 그 믿음 때문에 마른 복 끓여 먹고도 많이들 죽었다.

그래서 산란철에 복을 손질할 때는 정 대표도 초긴장 상태가 된다. 복에 중독되면 혀와 눈 끝이 떨리고 입술이 딱딱해진다. 입술을 깨물어도 안 아프다. 복어 독에 중독되면 해독제가 따로 없다. 그냥 병원 가서 인공호흡을 하며 수액을 넣어 핏속의 독을 씻어내는 수밖에 없다. 다행인 것은 웬만한 중독은 즉시 병원으로 가서 처치만 받으면 별 문제 없다는 점이다.

복어는 생명력이 아주 강하다. 정 대표는 복을 다루다 보면 아침 9시쯤 물기도 없는 곳에 복을 쌓아 두었는데 오후 4시까지도 살아 있는 놈들을 많이 본다고 한다. 물도 없이 땡볕 속에서 몇 시간쯤 거뜬히 살 수 있다니 대단한 생명력이다. 복은 산란이 끝나는 6월 말부터 10월까지는 거의 잡히지 않다가 11월 찬바람 불 때부터 본격적으로 잡히기 시작한다. 그때부터 맛이 오르다가 산란기 때 최절정에 달하게 되는 것이다.

정 대표는 여름에 쓸 복은 냉동 보관한다. 정 대표에게 혹시 맛을 내는 비법이 있냐고 묻자 비법 같은 건 없다는 대답이 돌아온다. 다른 재료로 국물을 내서 쓰지 않고 복 삶은 국물로만 복국을 내는 것이 비법이라면 비법일 수 있다는 것이다. 그것은 재료의 싱싱함이 담보될 때만 가능한 맛이다.

"복국집들에서 냉동을 안 쓴다는 건 다 거짓말이에요."

동광식당에서도 냉동 복을 생물과 섞어서 쓴다. 비율은 생물 70% 냉동 30% 정도다. 그래서 정 대표는 1~2월, 복이 많이 날 때는 하루 열두 시간씩 꼼짝 않고 앉아 복어 손질만 하기도 한다. 정 대표는 복의 창자와 머리를 따내고 바닷물에 담갔다가 핏물을 씻어낸 뒤 다시 민물에 담가 핏기를 완전히 빼낸다. 그래야 독이 완전히 제거되기 때문이다.

통영 복국은 술병 고치는 데 명약

서호시장 부근의 호동식당은 통영 복국을 전국에 알린 집으로 유명하다. 복국 맛이 깔끔하고 시원한 것이 특징이다. 이 집은 참복 수육도 아주 부드럽고 입에 착착 감긴다. 통영을 찾아온 건축가 이일훈 형과 이 집 복요리들을 안주 삼아 낮술로 시작해 저물도록 마셨지만 흥취만 오를 뿐 숙취도 없이 깔끔했던 기억이 새롭다. 홍상수 감독의 영화 〈하하하〉의 배경이 됐던 집이기도 하다.

분소식당은 호동식당에서 일하던 아주머니가 나와서 차린 집이라고 한다. 통영 사는 이진우 시인 말에 따르면 그 이름을 이 시인 아버지가 지어 주었다 한다. 주인 아주머니가 이 시인 아버지에게 이름을 부탁하길래 "당신은 호동식당에서 떨어져 나왔으니 분소라 해라." 그래서 분소식당이 됐다는 것이다. 분점이란 뜻이지만 주인이 엄연히 다르고 체인점도 아니다. 이 집은 복국도 맛있지만 물메기탕이나 매운탕 등도 아주 일품이어서 연일 손님들의 발길이 끊이지 않는다.

'만성복집'도 유명하다. 이 집은 길가가 아니라 서호시장 안 깊숙이 있어서 눈에 띄지 않는다. 그래도 물어물어서들 외지 손님들도 잘만 찾아간다. 아무리 깊이 숨겨져 있어도 맛있다고 소문나면 사람들은 다 찾아간다. 이 집은 복국도 복국이지만 밑반찬이 다른 집들에 비해 푸짐하고 맛깔스럽다. 밥상에는 늘 제철 해산물이나 회 등이 오른다. 여름엔 학꽁치회, 가을, 겨울엔 생굴이나 꼴뚜기, 봄엔 멍게 등이다. 전어밤내장젓도 이 집만의 특식이다.

일전에 한참 술병으로 고생을 한 적이 있었다. 그런데 소식을 들은 통영에서 가깝게 지내는 윤경한, 박미옥 선생님 내외가 한산도에서 그 귀한 자연산 황복을 구해다 복국을 끓여들고 동피랑의 내 작업실까지 병문안을 와주셨다. 그 복국 맛은 두고두고 잊을 수 없다. 그야말로 천계의 옥찬이었다. 그 황복국 몇 번 먹고 술병이 거뜬히 나았음은 물론이다. 통영이 아니었으면, 통영의 인심이 아니었으면 어디서 그런 호사를 누릴 수 있었겠는가. 고맙고 또 고마울 뿐이다.

중앙시장 건어물 골목 '통영전통젓갈'집과 '바다나라 건어물' 사이 골목 초입에는 사철 복어만을 파는 할머니가 있다. 다른 생선은 거의 취급하지 않고 복어만 판다. 까치복, 참복 등 귀한 복들이 늘 쌓여 있다. 나그네도 언제 사다 직접 끓여 먹어볼 참이다. 통영에 사는 행복이다.

마시멜로처럼 꼬깃꼬깃한 맛,
연탄불 꼼장어구이

**바다의 갱,
장어**

손암 정약전의 《자산어보》에는 장어長漁가 뱀처럼 머리를 잘라내지 않으면 죽지 않는다고 기록되어 있다. 그만큼 장어의 생명력이 강하다는 이야기다. 장어는 경골어류 뱀장어목의 몸체가 긴 물고기다. 뱀장어, 갯장어, 붕장어가 모두 장어 종류다. 흔히 먹장어곰장어도 장어라 부르지만 먹장어는 실상 어류가 아니다. 턱뼈가 없어 무악류로 분류된다.

회로 즐겨 먹는 아나고는 붕장어의 일본 말이다. 일반적으로 바닷장어라고 하면 이 붕장어를 말한다. 붕장어의 속명 conger는 그리스어 congros에서 유래했다. 구멍을 뚫는 고기란 뜻이다. 일본 이름 아나고穴子 역시 모래 바닥을 뚫고 들어가는 장어의 습성을 따서 붙여진 이름이다.

장어류는 야행성이다. 그래서 어부들은 밤에 장어낚시를 다닌다. 특히 붕장어는 다른 물고기들이 잠든 사이 습격해서 닥치는 대로 집어삼킨다. 그 난폭함 때문에 '바다의 갱'으로 불린다. 붕장어아니고 회는 다른 생선회와는 달리 무채처럼 썰어서 물기를 꼭 짜서 먹는다. 핏속에 있는 이크티오톡신이라는 독을 제거하기 위해서다.

요즈음은 바다 장어구이 집들도 많이 생겼지만 육지 사람들에게 장어탕은 아직 낯선 음식이다. 하지만 섬 태생인 나그네는 어릴 적부터 장어구이와 장어탕을 즐겨 먹었다. 밤에 장어 낚시를 나가면 몇백 마리씩 낚아오곤 했다. 생장어는 바로 손질해서 된장을 풀고 탕을 끓여 먹었다. 보약이 따로 없었다. 나머지는 전부 다 배를 따서 장대에 매달아 말렸다. 그것을 두고두고 불에 구워 먹었다. 그 고소한 맛은 잊을 수가 없다.

또 마른 장어를 쌀뜨물에 끓여 먹기도 했다. 방송에 많이 소개되다 보니 도시 사람들도 이제는 마른 우럭탕이 별미란 사실 정도는 안다. 하지만 마른 장어탕을 맛본 사람은 손에 꼽을 정도일 것이다. 섬이나 해안 지방 사람들은 우럭이나 장어뿐만 아니라 대부분의 생선을 말려 두고 끓여 먹거나 쪄서 먹는다.

통영의 장어탕과 나그네의 고향 완도 지방의 장어탕은 끓이는 법이 다르다. 완도 지방에서는 된장을 많이 풀고 진하게 끓인다. 통영의 장어탕은 맑다. 장어가 익을 정도로 살짝 끓여낸다. 여수의 장어탕과 비슷하다. 나그네는 진한 맛의 완도식 장어탕이나 맑고 시원한 맛의 통영식 장어탕 어느 것이든 입에 맞다. 장어가 워낙 맛있는 생선이기 때문일 것이다. 문제는 신선도다. 장어탕이든 장어구이든 살아있는 싱싱한 장어로 끓이고 구워야 맛이 있다. 통영의 장어집들은 늘 살아있는 장어를 쓰는 까닭에 언제 먹어도 실패가 없다. 장어구이를 처음 접해본 사람들은 양념구이가 먹기 좋다.

여름의 보양식 하모회

통영에서는 여름이면 꼭 '하모회'를 먹어야 여름을 날 수 있다고 믿는 사람들이 더러 있다. 통영에서는 여름철 하모회가 삼계탕이나 보신탕, 민어탕 같은 보양식이다. 예부터 장어는 보양이나 약용으로 많이 쓰였다. 《자산어보》에도 '오랫동안 설사를 하는 사람은 이 고기로 죽을 끓여 먹으면 이내 낫는다'고 했다.

나그네는 통영에 와서 하모회를 처음으로 맛봤다. 통영에서는 가늘게 썬 하모회를 야채와 곁들여 양념장에 싸 먹는다. 회맛은 고소했다. 하지만 나그네의 입맛에는 양념이 너무 달다는 느낌이었다. 하모는 일본말이다. 우리말은 갯장어다. 하지만 하모란 말이 많이 쓰인다. 갯장어는 개장어, 개붕장어, 해장어 등 다양한 이름을 가지고 있다. 갯장어는 성질이 사나워 몸통을 잘라내도 머리를 쳐들고 물려고 덤빈다. 《자산어보》에도 그 생김 때문에 '입은 돼지같이 길고 이는 개와 같아서 고르지 못하다.

뼈가 더욱 견고하여 능히 사람을 물어 삼킨다'고 했다. 잘 무니까 조심하란 이야기다. 하모란 이름도 아무것이나 잘 무는 성질 때문에 '물다'라는 뜻의 일본어 하무에서 비롯됐다. 그만큼 에너지 넘치는 어류이니 보양식 대접을 받는 것이 아니겠는가.

무전동 연탄불 꼼장어구이 골목

먹장어는 흔히 꼼장어라 부른다. 껍질을 벗겨놔도 살아 꼼지락거리는 그 생태 때문에 생긴 이름이다. 먹장어는 눈이 껍질에 파묻혀 밖으로 보이지 않으니 유순하고 멍해 보인다. 하지만 알고 보면 먹장어는 아주 나쁜 물고기다. 다른 물고기에 달라붙어 살을 파먹다 마침내는 몸속으로 들어가 살을 다 파먹어 뼈만 남게 하는 무서운 기생성 물고기다. 그러니 사람이 녀석들을 먹는다고 미안해할 일은 아니다. 모든 생명은 다른 생명을 먹어야 살아갈 수 있도록 운명 지어져 있지 않은가

먹장어는 지방마다 꼼장어, 묵장어, 꾀장어 등 다양한 이름으로 불린다. 나그네의 고향인 보길도에서는 푸장어라 한다. 통영에는 중앙시장을 비롯한 곳곳에 꼼장어집들이 있지만 특히 무전동 꼼장어 골목의 연탄불 꼼장어구이는 일품이다. 구 통영시외버스터미널 부근 골목에는 아직도 연탄불로 꼼장어를 구워주는 목로들이 여러 군데 있다. 옛날에는 그 부

근에 나이트클럽이 있었다 한다. 새벽까지 나이트클럽에서 놀던 통영의 청춘들이 찾아들던 꼼장어집들. 본래는 지금의 문화마당 앞 여객선 터미널 부근에 있었는데 터미널이 옮겨가면서 신도시가 들어선 이곳으로 옮겨 왔다.

예전에는 골목 전체가 꼼장어 집이었는데 지금은 '야간열차', '유람선', '내향 꼼장어', '삼수갑산' 등이 꼼장어 골목의 명맥을 이어가고 있다. 그래도 꼼장어구이의 맛만은 최고다. 특히 소금구이 맛이 뛰어나다. 맛이 부드럽고 쫄깃쫄깃하면서 꼬들꼬들하다. 미끈한 맛 때문에 싫어하는 사람도 여기에서는 아주 맛있게 먹을 수 있다. 소금 간을 하지 않아도 꼼장어는 간이 딱 맞다.

손질한 꼼장어는 민물에 씻지 않고 석쇠에 올려 즉석에서 연탄불로 구워준다. 양파와 당근을 썰어 바닥에 깔고 그 위에 구운 꼼장어를 올린 뒤 통깨를 뿌려서 내준다. 전혀 비린 맛이 없다. 입안에서 사르르 녹는다. 나는 통영식 연탄불 꼼장어구이를 통영의 이진우 시인과 그의 딸 지윤이가 중학교 3학년일 때 함께 가서 처음 먹어봤다. 이 시인은 술을 안 마시는 까닭에 혼자만 꼼장어 안주로 술을 마셨다.

노부부가 운영하는 꼼장어구이집. 할아버지가 산 꼼장어를 잡아서 손질해 주면 할머니는 연탄불에 굽는다. 할머니는 꼼장어를 구우면서 부채질을 하고 자주 뒤집어 준다. 부채질을 하는 것은 불길을 일으키려는 뜻에서가 아니다. 나쁜 냄새를 날려 보내려는 뜻이다. 꼼장어의 지방이 불에 떨어지면 지방이 분해되며 유해가스가 발생한다. 이런 냄새가 꼼장어에 붙지 못하도록 날려버리는 것이다.

잘 구워진 꼼장어는 접시에 내주는데 양도 푸짐하지만 그 맛이 환상적이다. 지금껏 먹어본 꼼장어는 꼼장어가 아니었다! 전혀 다른 차원의 맛이었다. 굵은 산 꼼장어를 얇게 잘라서 구워냈다. 지윤이는 그 맛을 마시멜로 같다고 표현했다. 나그네는 촌스럽게도 마시멜로가 먹는 것인 줄 몰랐다. 지윤이가 설명해 주고서야 알았다. 유감이지만 나는 여전히 마시멜로라는 사탕을 맛보지 못했다.

지윤이는 마시멜로처럼 입안에서 사르르 녹는다는 뜻에서 그리 말한 것이다. 지윤이는 쫄깃쫄깃하면서 꼬들꼬들한 이 맛을 또 꼬깃꼬깃하다고 표현했다. 식감에 딱 맞는 언어다. 시인 아버지의 피를 물려받은 때문인지 지윤이의 언어 감각이 예사롭지 않다. 지윤이 덕분에 나는 생전 처음으로 꼬깃꼬깃한 맛을 알게 됐다. 나의 미각언어도 그만큼 풍요로워졌다.

5
카사노바와 큰 스님도 즐기던 겨울의 맛, 굴

진묵대사가 붙인 굴의 또 다른 이름, 석화

하늘을 이불 삼고 땅을 자리 삼고 산을 베개 삼아

달을 촛불 삼고 구름을 병풍 삼고 바다를 잔을 삼아

크게 취하여 일어나 춤을 추니

긴소매 곤륜산에 걸릴까 걱정이네.

문득 호기롭게 낮술이라도 한잔 마신 날이면 생각나는 시다. 시를 쓴 분은 조선 명종 때의 스님 진묵대사 1562~1633로 알려져 있다. 진묵대사는 한국 불교사상 가장 신비로운 스님으로 꼽힌다. 수많은 이적과 불가사의한 신통력을 보였다고 전해지며 석가모니 부처님의 화신으로까지 일컬

어지기도 했다. 진묵대사는 걸림 없고 거침없는 삶을 살다 갔다.

진묵대사는 계율에 얽매이는 것을 무엇보다 싫어했다고 한다. 요즈음 우리가 흔히 술을 달리 부를 때 쓰는 곡차나 굴을 일컫는 석화石花라는 말이 모두 진묵 대사로부터 유래했다. 스님은 술을 유달리 좋아했지만 술이라고 하면 절대 마시지 않았고 곡차라 해야만 마셨다고 한다.

더러 스님이 술을 마신다고 타박하는 사람들을 만나면 스님은 쌀과 누룩으로 만들었으니 곡차지 왜 술이냐고 우기곤 했다.

세속인들은 취하기 위해 마시니 술이겠지만
나는 그것을 마시면 피로도 풀리고 기분도 상쾌해지니 곡차다!

앞의 시 또한 스님이 어느 때인가 곡차를 동이째 마시고 읊었다는 게 송이다. 스님이 김제 망해사에 계실 때는 바닷가 근처라 곡식이 떨어지면 해산물을 채취해서 허기를 채우곤 했던 모양이다. 하루는 배가 고파 바위에 붙은 굴을 따서 드시는데 지나가던 사람이 왜 스님이 육식을 하느냐며 시비를 걸었다. 그러자 스님은 "이것은 굴이 아니라 석화."라고 우겼다. 굴이 바위에 붙은 모습은 영락없이 돌에 핀 꽃과 같다. 그러니 석화라고 우길 만하지 않았겠는가.

진묵 대사가 허기를 채우기 위해 굴을 먹었다면 카사노바 Giovanni Giacomo Casanova, 1725~1798는 강장제로 굴을 즐겼다. 카사노바는 매일 아침마다 눈을 뜨면 욕조에 몸을 담그고 생굴 50개를 먹었다 한다. 굴을 다 먹은 다음 욕조 안에서 격렬한 사랑을 나누었음은 물론이다. 그만큼 굴은 예로부터 스태미나의 상징이었다. 하지만 아무리 좋은 굴이라도 먹어서는 안 되는 때가 있다.

보리 피면 굴을 먹지 말라

옛날 한국에서는 '보리가 피면 굴을 먹지 말라' 했다. 일본에서도 '벚꽃 지면 굴을 먹지 말라' 했다. 서양에서는 r자가 들어 있는 달에만 굴을 먹어야 한다고 했다. r자가 없는 달인 5~8월May, June, July, August은 굴을 먹지 않는 것이 상식이었다. 5~8월은 굴의 산란기이거나 산란 직후다. 이때는 굴에 독성이 있고 바다에도 살모넬라와 대장균들이 득시글거리기 때문에 먹지 않는 것이 좋다. 특히 산란기인 5~6월에는 절대 생굴을 먹어서는 안 된다. 산란 직후의 굴은 맛도 떨어진다. 산란으로 영양소를 모두 소진시켜 버린 까닭이다.

통영은 굴의 고장이다. 전국 굴 생산량의 70% 정도가 통영 바다에서 나온다. 통영 굴은 대부분 양식이다. 하지만 양식이라 해서 덜 맛있거나 영양가가 덜하지 않다. 자연산에 대한 맹신이 넘치는 시대다. 자연산이 돈이 되고 자연산이 맛있고 건강에도 좋다는 믿음 때문이다. 그래서 수

양식장에서 건져온 굴은 탈각장에서 탈피작업을 거친 뒤 출하된다. ⓒ이상희

산물 또한 무조건 양식은 질이 떨어지고 자연산은 좋은 것으로 생각하는 사람이 많다. 하지만 굴 같은 조개류는 양식이냐 자연산이냐가 중요하지 않다. 양식 굴이라 해서 사료를 따로 먹여서 키우는 것이 아니기 때문이다.

양식이든 자연산이든 굴은 바닷속의 플랑크톤이나 조류 유기물을 여과해 먹고 자란다. 그러므로 관건은 굴이 양식되는 바다가 얼마나 깨끗한가에 달려 있다. 오염된 바다에서 자란다면 자연산이라고 해서 좋을 까닭이 없다. 양식이지만 통영 굴이 좋은 것은 통영 바다가 청정해역이기 때문이다. 해초 또한 마찬가지다. 특히 해초는 해독 작용이 뛰어나다. 수질 정화에도 해초는 일등 공신이다. 해초는 사람 몸의 독을 제거하는 데도 유용하다. 그런 만큼 해초는 그 몸속에 많은 독을 지니고 있다. 그러니 미역이나 다시마 등의 해초도 자연산이냐 양식이냐가 아니라 얼마나 깨끗한 물에서 자란 것이냐가 문제다. 자연산일지라도 오염된 물에서 자랐다면 그것은 독초다!

통영이 굴의 고장이 된 것은 1960년대 통영시 광도면에서 뗏목수하식 양식을 시작하면서부터다. 지금은 줄에 종패種貝를 달아 양식하는 연승수하식으로 굴을 기른다. 대부분 가리비 껍질에 종패를 붙여서 바닷물에 담가 기른다. 산란철에 채묘를 해서 가리비 껍질 같은 조가비에 붙여서 키우는데 바다에 들어간 뒤 두 번째 겨울에 본격 출하한다.

굴은 반드시 소금물에 씻어야

산란철이 지나 여름이 가고 찬바람이 불면 굴은 다시 맛이 들기 시작한다. 가을, 겨울 동안 통영은 온통 굴 세상이다. 생굴을 하나 입에 넣으면 달고 고소한 맛이 입 안 가득 고인다. 통영에 직접 와서 먹는 굴은 도시에서 먹던 그 맛과 천양지차다. 전혀 다른 음식이다. 어떤 해산물이든 바다에서 막 건져 올렸을 때가 가장 맛이 뛰어나다. 겨울의 굴은 바다의 우유, 바다의 인삼이라는 수식만으로는 턱없이 부족하다.

통영의 겨울 굴 한 접시를 먹는 것은 바다를 통째로 마시는 일이다. 나그네가 통영에 살면서 맛본 최고의 굴요리를 꼽으라 하면 단연 통영식 굴젓이다. 젓갈이라기보다는 굴 물회에 가까운데 일반 물회와 다른 것은 굴을 삭힌다는 점이다. 소금에 약간 절인 굴에 물과 수저로 긁어낸 무와 양념을 넣고 삭힌 통영식 굴젓은 막혔던 가슴을 뻥 뚫리게 만들 정도로 시원한 맛이다. 굴로 만든 통영 최고의 요리가 아닐까 싶다. 더러 다찌집들에서도 내기도 하지만 재래시장 반찬가게에서는 겨우내 굴젓을 만들어 파니 쉽게 사 먹을 수 있다. 이 또한 겨울 통영에 오면 빠뜨리지 말고 누려야 할 호사다.

굴을 먹을 때는 반드시 소금물에 씻어야 한다. 민물에 씻으면 맛과 영양분이 빠져나간다. 하지만 소금물에 오래 보관하는 것은 좋지 않다. 수용성인 타우린이 녹아버리기 때문이다. 굴은 강장효과가 뛰어나다. 철분

생굴과 굴로 만든 다양한 요리들(위).
시원하기가 일품인 통영식 굴콩나물해장국(아래). ⓒ이상희

통영은 맛있다

함량이 많아 빈혈에도 좋다. 각종 심장질환과 간장에도 좋다 한다. 칼슘 함량은 쇠고기의 8배, 비타민은 17배나 많다고 한다.

굴은 정자 생산에 관계되는 아연 함량이 어패류 중 최고다. 아연은 남성 호르몬 테스토스테론의 분비를 촉진시킨다. 굴이 효과적인 강장식품으로 인정받는 것은 그 때문이다. 그래서 카사노바뿐만 아니라 나폴레옹도 전장에서 끊임없이 굴을 먹었을 것이다. 지금은 그대로 버리지만 예전에는 굴 껍질도 쓸모가 많았다. 석회를 만들어 건축용으로 사용하기도 했다. 《자산어보》에는 갈아서 바둑알을 만들기도 했다고 전한다.

몸의 독기를 빼주는 대구

**2월 대구는
약대구, 복대구**

복국이나 볼락구이처럼 계절을 가리지 않고 사철 즐기는 음식도 있지만 통영 사람들은 계절마다 통과의례처럼 꼭 먹어야 하는 음식이 있다. 봄은 도다리쑥국이고 여름은 하모회나 장어구이. 그렇다면 겨울은? 단연 물메기국과 대구탕이다. 서울 사람들이 보신탕이나 삼계탕을 먹어야 여름을 날 수 있다고 생각하는 것처럼 통영 사람들은 마치 물메기국이나 생대구탕을 챙겨 먹지 못하면 겨울을 날 수 없기라도 할 것처럼 안달이다.

지금은 값이 상대적으로 싼 물메기를 많이 찾지만 예전에는 대구가 통영의 겨울철 대표 식재료였다. 지금도 겨울이면 식당마다 계절음식으로 대구탕을 내걸고 있다. 한류성 어족인 대구는 역시 겨울 대구다. 12월부터 2월까지가 제철이다. 대구는 냉수어족이라 여름에는 찬 바다를 찾아가 지내야 한다. 그래서 한국의 바다에서는 겨울에 주로 잡힌다. 지방이 적고 담백해서 생선의 비린 맛을 싫어하는 사람들도 잘 먹을 수 있다. 겨울 대구 중에서도 특히 2월 대구가 맛있다. 그래서인지 2월 대구는 복대구라 부르기도 한다.

통영의 생대구탕은 우리가 도시의 식당에서 먹는 냉동 대구탕과는 차원이 다르다. 냉동 대구탕은 대부분 뻘건 고춧가루나 진한 양념, 조미료 맛이지만 맑게 끓이는 통영 생대구탕은 시원하고 담백하다. 대구의 이리는 비할 데 없이 고소하고 부드럽다. 이리는 무기질과 아르기닌이 많아 원기회복에 좋다고 알려져 있다.

제 새끼까지 잡아먹는 탐욕스런 대구

대구는 동서양 어디서나 즐겨 먹는 물고기다. 입이 커서 대구大口란 이틈이 붙었다. 대구는 그 큰 입만큼이나 탐욕스럽게 먹어대는 물고기다. 전형적인 탐식성 어류다. 고등어, 청어, 가자미 따위는 물론 심지어 상어새끼까지도 잡아먹는다. 때때로 제 알이나 제 새끼를 잡아먹을 정도로 무자비한 식성의 소유자다. 어떤 때는 돌자갈까지 집어 삼킨다고도 한다. 그야말로 먹는 데 목숨을 거는 어족이다.

예전에는 한국 바다에도 대구가 지천이었다. 하지만 대구의 탐식도 인간의 탐욕에는 비할 것이 못된다. 인간은 그 흔하던 대구마저 멸족의 위기로 몰아넣었다. 그래서 한동안은 포구에서 겨우내 대구 한두 마리 구경하기 힘든 적도 있었다. 그러니 대구값이 금값이었다. 한 마리에 백만 원이 넘어도 팔 것이 없었다. 그런데도 무작정 잡아들였다. 마치 마지막 남은 한 마리까지 다 잡아먹어야 속이 시원할 것처럼.

그러던 대구가 최근 들어 다시 잡히기 시작한다. 10여 년 전부터 거제시에서 꾸준히 대구 치어를 방류해 온 결과물이다. 그 덕에 사람들은 다시 대구를 싼값에 먹을 수 있게 됐다. 그래서 통영과 함께 거제시 장목면의 외포항은 대구의 가장 중요한 집산지다.

한국 바다의 대구는 동해대구와 황해대구 두 종류가 있다. 황해대구는 동해대구의 절반 크기밖에 안 되기 때문에 왜대구라고 한다. 찬물을 좋아하는 대구가 황해에도 살 수 있는 것은 황해 바깥쪽 바닥에 일 년 내내 수온이 10도 이하인 냉수대가 있기 때문이다. 통영대구는 동해대구다. 영일만과 함께 통영에서 가까운 진해만은 동해대구의 산란장으로 유명했었다.

산모에게 좋은
약   대   구

대구에는 비타민 A, B와 간 기능 강화에 좋은 타우린도 풍부하다. 대구탕을 최고의 속

풀이 술국으로 쳐주는 이유다. 통영에서는 진해 약대구처럼 알이 든 채로 말려서 먹는 약대구가 유명했다. 《증보산림경제》에도 대구는 '알과 백란 젓갈이 맛있다. 겨울철에 반쯤 말린 것은 아주 맛이 좋다'고 했다.

통영에서는 말린 대구를 탕약처럼 곰국을 끓여 보신용으로 먹었다. 임자도에서 민어를 말려 곰국을 끓여 보신용으로 먹은 것처럼 통영은 대구가 그 역할을 했다. 또 마른 약대구를 알맞게 찢어서 술안주나 반찬으로도 먹으면 최고의 별미였다. 약대구는 한때 통영에서 부의 상징이기도 했었다. 추녀 끝에 약대구를 많이 걸어 놓은 집일수록 부유한 집이었다.

약대구는 몸체가 크고 검고 윤이 나는 대구를 이용해 만들었다. 대구 입으로 아가미와 내장을 꺼낸 뒤 그 속에 소금과 간장을 넣고 볏짚으로 속을 채웠다. 그런 뒤 머리 부분의 벌어진 곳을 동이고 봉하여 통풍이 잘 되는 그늘에 매달아 말렸다. 약대구는 여름철까지 두고 먹었다. 안주나 밥반찬으로도 좋았지만 마른 민어곰국을 산모에게 먹였듯이 약대구도 특히 산모에게 보양식이었다. 약대구 곰국은 젓을 많이 나오게 하기 때문이다.

겨울 대구철이면 서호시장이나 중앙시장에는 큼직한 생대구들이 나온다. 서호시장에서는 즉석에서 회를 떠주기도 한다. 이때가 아니면 맛보기 어려운 것이 대구회다. 그 포악한 성질과는 달리 대구회의 맛은 담백하고 부드럽다. 겨울 통영의 귀물이다. 회 뜨고 뼈와 내장을 싸주는데 맑은 탕을 끓이면 일품이다.

시장 곳곳에서는 옛날처럼 약대구는 아니지만 마른 대구와 염장을 한 대구알젓을 팔기도 한다. 대구알젓은 사철 두고 먹어도 좋다. 서호시장과 중앙시장 인근의 횟집 식당들에서는 겨울 대구철에만 계절음식으로 대구탕을 끓여낸다. 생대구가 잡히지 않으면 대구탕 메뉴는 사라지고 다시 일 년을 기다려야 생대구탕을 맛볼 수 있게 된다. 참으로 귀하디 귀한 음식이다.

활어용이 아닌 생대구는 가격이 좀 더 싸다. 생대구를 사다 직접 국을 끓여도 좋다. 물이 끓으면 자른 무를 넣고 한소끔 끓인 후 자른 생대구와 이리를 넣고 소금으로 간을 한다. 고춧가루를 넣지 않고 맑게 끓여야 더 시원하다. 싱싱하니 전혀 비리지 않다. 그릇에 담아내기 전에 다진 마늘과 파, 풋고추와 붉은 고추를 잘라 넣으면 시원한 통영식 생대구탕이 완성된다. 술독에 찌든 몸의 독기를 다 빼주고도 남을 맛이다.

술병을 곧잘 고치는 통영 물메기국

겨울은 온통
물메기, 곰치,
물잠뱅이,
물미거지 ……

"어찌 추도 왔으꼬?"

"물메기가 많이 난다 해서 구경 왔습니다."

"아, 그래 왔습니까."

통영시 추도楸島 미조마을 부둣가, 노인 한 분이 통발 그물을 손질하고 계신다. 노인은 물메기 잡는 통발 그물이 찢어진 것을 이어 붙이는 중이다. 추도는 통영에서도 이름난 물메기의 고장이다. 추도 어선들은 모두가 통발로 물메기를 잡는다. 다른 지역의 어선들은 대부분 플라스틱 통발을 쓰지만 추도만은 여전히 전통적인 대나무 통발 어법을 고수하고 있다. 물메기를 잡는 데 썼던 대나무 통발을 손질하는 노인. 노인은 오랜 세월 물메기 잡는 어부로 살았다.

물메기의 표준어는 꼼치다. 꼼치는 동서남해 모든 바다에서 난다. 지역마다 그 이름도 각각이다. 동해에서는 곰치, 물곰, 남해에서는 미거지, 물미거지, 서해에서는 잠뱅이, 물잠뱅이 등으로 칭한다. 통영에서는 흔히 미기 혹은 메기, 물메기라 부른다.

물메기는 동중국해에서 여름을 나고 겨울이면 산란을 위해 한국의 연안으로 올라온다. 12월에서 3월까지의 물메기가 맛있는 것은 산란을 위해 살을 찌우기 때문이다. 보통 수명은 1년 남짓이다. 대부분 산란 후 죽는다.

늘그막에 어부생활을 은퇴한 노인은 이제 통발 그물 손질하는 일이 소일거리다. 강만식80세 할아버지. 장갑을 끼어도 손이 시린 12월 중순. 엄동의 한복판에 찬 바닷바람 맞으며 노인은 맨손으로 그물을 깁는다. 장갑을 끼고는 바느질을 할 수 없는 까닭이다. 노인의 손은 마른 가죽처럼 질기고 두텁지만 사람의 손인데 어찌 시리지 않겠는가.

"내가 본토배긴데 할아버지 대부터 기술이 그만 메기잡이 기술이요. 문어잡이 기술이요."

노인의 할아버지가 추도에서 물메기와 문어를 잡았고. 노인의 아버지도 물메기와 문어를 잡았고, 노인도 물메기와 문어를 잡았다.

"추도는 그때도 멘 메기였소."

통영에서도 어떤 사람들은 옛날에는 물메기를 생선 취급도 않고 버렸다는 소리들을 하지만 실상은 그렇지 않다. 노인의 증언처럼 물메기잡이는 옛날부터 이어져 온 통영 지방의 전통어업이다. 《자산어보》에도 물메기에 대한 이야기가 나온다.

'고기 살은 매우 연하다. 뼈도 무르다. 맛은 싱겁고 곧잘 술병을 고친다.'

잡히면 버리는 하찮은 물고기가 아니라 술병까지 고치는 명약으로 대접받았다. 이규경의 《오주연문장전산고》에도 '우리나라 호남 부안현扶安縣 해중에 수점水鮎, 물메기이 있는데, 살이 타락죽찹쌀 우유죽 같아 양로養老에 가장 좋다'고 했다. 옛 기록들이 아니더라도 물메기국은 그야말로 해장에 최고다.

살이 타락죽처럼 살 살 녹 는 최고의 술국

물고기들이 흔하던 시절에는 지금처럼 귀한 대우를 받지는 못했겠지만 물메기 또한 어류의 가계에서 제법 족보 있는 물고기였던 셈이다.

새벽에 조업을 나갔던 어선들이 점심 무렵이면 통발을 걷어서 귀항한다. 오늘 추도의 물메기잡이 배들은 모처럼 만선이다. 어선에서 물메기를 내리면 동네 여인네들은 물메기를 손질한다. 물메기의 등을 따서 내장과, 알, 아가미 등을 꺼낸다. 아가미와 알은 젓갈을 담고 몸체는 몇 번이고 민물에 깨끗이 씻어낸 뒤 건조장으로 보낸다. 조기나 민어 같은 생선들은 손질한 뒤 소금 간을 해서 말리지만 물메기는 북어나 황태처럼 소금을 뿌리지 않고 민물에 씻어서 바로 말린다.

"메기는 바닷물에 씻으면 맛이 없어요. 짭아서 간을 하면 못 먹어요."

동네 사람들은 물메기를 손질해 준 뒤 품삯을 돈이 아니라 물메기로 받는다. 오래전부터 이어져온 전통이다. 아마도 물메기가 현금으로 바로 통용될 수 있기 때문에 이어져온 풍습이지 싶다.

통영에서도 추도 물메기는 맛있기로 소문이 자자하다. 겨울 추도는 물메기 섬이다. 겨울 추도에서는 비탈진 언덕만이 아니라 길가와 담벼락, 텃밭, 빈집 마당까지도 어디나 물메기 건조장이 된다. 겨울이면 추도 사람들은 빨래보다 물메기를 더 많이 널어 말린다. 어떤 집에는 빨랫줄에도 물메기 몇 마리가 걸려 있다. 빨랫줄에서 옷과 물메기, 문어가 같이 말라간다.

지친 속을 달래 주는 물메기국

추도 뿐만 아니라 겨울 통영은 온통 물메기국 끓이는 계절이다. 동해안에서는 곰치, 물곰이라고도 하는 물메기. 곰칫국이든 물메기국이든 해장국으로 그보다 더 시원한 음식은 드물다. 물론 대구나 복국이 있지만 시원하고 담백하기로는 물메기국을 따라가기 힘들 것이다. 지방이 아주 적고 아미노산이 풍부해 감칠맛이 난다. 통영에서 마른 메기는 잔치음식의 대표다. 전라도 잔칫상에 홍어가 빠지면 차린 것 없단 소리를 듣듯이 통영의 잔칫집에서는 마른 메기찜이 빠지면 '앙꼬 없는 찐빵'이다.

물메기국은 맑게 끓여야 제 맛이다. 너무 매운 '땡초고추'도 넣지 말아야 한다. 팔팔 끓는 물에 무를 어슷하게 썰어 넣고 소금 간을 한 뒤 무가 익을 즈음에 손질해 둔 메기를 넣고 익힌다. 살이 무른 생선이니 너무 끓이지 않고 살이 익을 정도로만 끓인다. 다진 마늘을 넣는 것을 잊으면 안 된다. 국을 낼 때 대파를 얹는다. 그래야 맑고 시원한 메깃국이 된다. 양파 등 다른 채소를 넣지 않는 것도 물메기 본연의 맛을 살리기 위함이다.

겨울 통영에서는 일 년 내내 세파에 시달려 지친 사람들의 속을 물메기국이 달래준다. 술병도 곧잘 고쳐주는 물메기국의 유혹을 누군들 피해 갈 수 있으랴.

통영 추도의 물메기 덕장 ⓒ이상희

정신줄을 놓게 하는 맛

정신줄을 놓게 하는 맛,
바람둥이 물고기 볼락

통영의 유별난 볼락 사랑

일본의 사진가이자 여행작가인 후지와라 신야의 어머니는 임종하던 날 병상에서 볼락 이야기를 꺼낸다. 가족들이 달려갔을 때 의식이 몽롱한 상태였던 어머니는 그 와중에도 "냉장고에 있는 볼락이 상하니까 빨리 먹어야 해." 하신다. 아버지에게 요리해 주려고 사다 냉장고에 넣어 둔 물 좋은 볼락이 상할까 걱정이 됐던 것이다. 후지와라 신야의 아버지는 볼락을 무척이나 좋아했던 모양이다.

어머니의 걱정에 아들인 후지와라 신야는 "냉장고에 넣어 둔 볼락은 상하기 전에 먹을 테니까 걱정 마시라."고 안심시킨다. 그리고 얼마 후 어머니는 임종을 맞이한다. 정작 후지와라 신야가 하고 싶었던 이야기는 사람이란 세상에 남긴 미련이 없어져야만 죽음을 쉽게 받아들이게 된다는 의미였지만 나는 그보다 볼락에 관심이 갔다. 통영에 온 뒤 목격한 통영 사람들의 유난한 볼락 사랑 때문이었다. 누구든 죽기 전에 꼭 먹어 보고 싶은 음식이 있을 것이다. 통영 사람들에게는 그것이 아마도 볼락이지 싶다.

통영 사람들은 볼락을 뽈락 혹은 뽈라구, 뽈래기 등으로 부른다. 통영도 토영이나 퇴영이라 해야 비로소 통영 사람이듯 입맛 또한 뽈래기를 최고로 쳐야 이 또한 비로소 토종 '토영' 사람이다. 수많은 생선들 중에서도 통영 사람들의 볼락 사랑은 유별나다. 광주 사람들의 홍어 사랑이나 제주 사람들의 자리돔 사랑에 비견할 만하다.

한국의 해역에는 대략 15종류의 볼락이 살고 있다 한다. 볼락은 지방마다 부르는 이름이 제각각이다. 뽈래기, 뽈락, 감성볼락, 꺽저구, 열갱이, 우레기 등 수많은 이름을 갖고 있다. 볼락은 망상어나 쏨뱅이처럼 직접 새끼를 낳는 태생어류다. 볼락은 보통 밤에 먹이를 얻으러 갔다가 새벽에 집으로 돌아온다.

그 밤나들이 습성 때문에 바람둥이 물고기로 불리기도 한다. 전라도 지방에서 딱돔금풍쉥이이 샛서방 물고기라 불리는 것과 같다. 워낙 맛이 좋아 본서방 몰래 숨겨 놨다가 샛서방한테만 준다는 뜻에서 샛서방 물고기다. 통영에서도 시장이나 수족관을 보면 잘잘한 볼락밖에 보이지 않기 때문에 볼락이 원래 그렇게 작은 생선인줄 알지만 큰 것은 20cm 넘게도 자란다.

볼락구이와 볼락젓, 통영 사람들의 볼락 사랑은
광주 사람들의 홍어 사랑, 제주 사람들의 자리돔 사랑에 비견할 만하다.
ⓒ이상희

볼락젓갈이
달콤해서
쌀강정 같다

담정 김려1766~1821의 《우해이어보》에도 볼락에 대한 이야기가 나온다. 《우해이어보》는 《자산어보》보다 11년 일찍 쓰인 우리나라 최초의 어보다. 김려도 정약전처럼 진해우해에 유배 생활을 하면서 진해 바다에 서식하는 72종의 어패류를 기록했다. 진해는 통영과 가까운 곳이니 통영의 볼락을 이해하는 데 귀중한 사료가 될 듯하다. 김려는 볼락을 보라어라 기록하고 있지만 진해 사람들은 볼락어나 보락으로 불렀다.

"보라어는 모양이 호서 지방에 나오는 황석어와 비슷한데, 아주 작고 색이 엷은 자주색이다. 이곳 사람들은 보라어를 보락이나 볼락어라고 부른다. 우리나라의 방언에 엷은 자주색을 보라라고 하는데, 보는 아름답다는 뜻이니 보라라는 것은 아름다운 비단이라는 말과 같다. 보라라는 물고기는 반드시 여기에서 유래했을 것이다."

당시에 진해에서 볼락은 귀한 물고기였던 듯하다. 그래서 김려는 진해 어부들이 그물로 볼락을 잡지만 많이 잡지는 못한다고 기록했다. 하지만 거제도에서는 많이 잡혔던가 보다. 해마다 거제도 사람들이 볼락을 잡아 젓갈을 담은 뒤 수백 항아리씩 배에 싣고 진해로 와서 포구에서 팔았고 그 돈으로 생마를 사 간다고 했다.

이 기록으로 추측컨대 통영의 어부들도 볼락으로 젓갈을 담아 다른 지역에 팔고 필요한 물품을 구해 오지 않았을까 싶다. 지금도 통영 사람들은 볼락젓갈을 최고로 친다. 볼락젓갈이 통영에서는 밥도둑이다. 또 볼락김치만 봐도 입맛을 다신다. 김려는 거제도 볼락젓갈 맛이 "조금 짭짤하지만 달콤해서 마치 쌀강정 같다. 밥상에 올려놓으면 윤기가 나고 색깔이 더욱 좋다."고 했다. 김려도 볼락젓갈 맛에 반했던 것이 분명하다.

볼락이라면 정신줄을 놓는 통영사람들

통영의 생선 맛이 좋은 것은 통영 근해의 물살이 빨라서 어족들이 군살이 찌지 않기 때문이라는 이야기가 있다. 대부분의 생선이나 조개류는 계절에 따라 맛 차이가 크다. 채소나 과일처럼 바다음식에도 제철이 있다. 그러니 맛있는 해산물을 먹으려면 제철에 찾아가야 한다. 여름에 통영 와서 굴을 찾는 것은 바보짓이다. 굴은 찬바람 불기 시작해야 맛이 든다. 하지만 철이 없는 생선이 있으니 바로 볼락이다.

통영에서는 볼락이 계절에 관계없이 사철 변함없는 맛있다고 생각한다. 살이 오르는 산란철이 좀 더 맛있겠지만 통영 사람들이 워낙에 볼락을 유별나게 사랑하다 보니 그렇게 생각하는 것이 아닌가 싶다. 내가 먹어본 바로도 볼락은 겨울에 좀 더 찰지고 고소한 맛이 더했다. 통영에서도 과거에는 볼락이 가장 흔하고 싼 생선이었다. 하지만 지금은 비싼 생선이 됐다. 워낙 잡히는 양이 적으니 그렇다. 그럼에도 통영 사람들은 볼락만을 찾는다. 외지 나가 사는 친구가 통영에 오면 반드시 볼락을 먹는다. 볼락을 먹으면서 옛이야기를 한다. 볼락은 생선이 아니다. 추억이다. 볼락은 어떻게 조리해도 맛있지만 나는 회나 구이를 일품으로 친다. 구이는 너무 잘거나 크지 않은 것이 좋다. 손가락 세 마디 정도 크기가 구이용으로는 최고다. 좀 더 큰 것은 뼈가 억세서 구이보다는 탕으로 많이 끓인다. 통영의 섬 하노대도 민박집에서 갓 잡아 온 볼락회를 먹었던 기억은 지금도 잊을 수가 없다. 달고 고소하고 쫄깃하고 거의 회맛의 완결판이었다. 신선도도 한몫 했을 것이다.

볼락은 회뿐만 아니라 구이, 탕, 조림까지 다양하게 조리된다. 그중에서도 겨울에 담는 볼락김치는 통영 사람들이 가장 좋아하는 토속 음식이다. 김장할 때 무를 큼지막하게 썰어서 볼락을 넣고 김치를 담근다. 그 맛에 통영 사람들은 정신줄을 놓기 십상이다. 나도 처음에는 좀 어색했지만 시장에서 파는 김치가 아니라 직접 통영 사람의 집에서 담근 볼락김치를 맛보고 그 시원한 맛에 반하고 말았다.

통영의 거의 모든 횟집에서는 볼락요리를 내놓는다. 하지만 맛의 차이는 크지 않다. 워낙 싱싱한 재료로 요리를 하기 때문이다. 하지만 누구나 볼락 요리를 다 맛있다고 생각할까? 거기까지는 장담하지 못하겠다. 자리돔이나 홍어처럼 호불호가 갈릴 수도 있지 않을까 싶기 때문이다. 하지만 경험상 담백한 볼락구이만은 맛있다는 평가가 대체로 일치한다.

통영, 사랑에 빠지다

통영에 피난 와 살던 이중섭도 이 남망산을 자주 올랐던가 보다. 그의 그림에도 남망산에서 바라본 통영 풍경이 있다. 일몰 직전 산책을 나와 가만히 앉아서 강구안과 통영 풍경을 바라보면 괜히 설레고 마구마구 행복해지는 뒷동산이다.

Tongyoung

백석 시인과 통영, 그 죽일 놈의 사랑

**충렬사 계단에
주저앉아
울던 백석**

밀실정치의 요람이었던 요정 대원각을 시주 받아 법정스님이 세운 절이 서울의 길상사다. 시주자는 백석^{백기행. 1912~1995} 시인의 연인이었던 고 김영한 여사다. 이 땅의 시인들이 가장 사랑하는 시인으로 첫 손꼽히는 백석 시인은 기생이었던 그녀를 만나자마자 사랑에 빠졌고 자야라는 애칭을 붙여줬다. 자야는 백석의 시 〈나와 나타샤와 흰 당나귀〉 속의 나타샤의 모델이라고 알려져 있다. 백석과 헤어진 뒤 그녀는 평생 백석을 그리며 홀로 살았다고 한다.

자야는 《내 사랑 백석》이란 책에서 '백석이 사귄 다섯 여자 가운데 진정으로 사랑했던 여인은 자야였고 자신 또한 백석에 대한 사랑을 평생 올곧게 간직했다'고 말한 바 있다. 기생이었던 자야는 1936년 회식장소

백석이 사랑했던 달밤의 통영 바다. ⓒ이상희

에 나갔다가 백석 옆자리에 앉았다. 그녀에게 반한 백석은 "오늘부터 당신은 나의 영원한 마누라야. 죽기 전에 우리 사이에 이별은 없어요."라고 말했으며 이후 사랑에 빠졌다고 증언했다.

자야의 믿음처럼 백석이 가장 사랑한 여인은 그녀였을 수도 있다. 하지만 나그네는 백석의 시 속 나타샤란 여인은 자야만을 지칭하는 것이 아닐 거라고 생각한다. 시란 게 원래 그렇다. 자야도 나타샤고, 자야 전에 사랑한 여인도 나타샤고, 자야 후에 만난 여인도 나타샤다. 사랑하는 여인이면 누구나 나타샤다. 스물넷, 청년 백석이 사랑한 나타샤는 '난'이라는 소녀였다.

구마산舊馬山의 선창에선 좋아하는 사람이 울며 나리는 배에 올라서 오는 물길이 반날
갓 나는 고장은 갓갓기도 하다
바람맛도 짭짤한 물맛도 짭짤한
전복에 해삼에 도미 가재미의 생선이 좋고
파래에 아개미에 호루기의 젓갈이 좋고
새벽녘의 거리엔 쾅쾅 북이 울고
밤새껏 바다에서 뿡뿡 배가 울고
자다가도 일어나 바다로 가고 싶은 곳이다
집집이 아이만한 피도 안 간 대구를 말리는 곳

황화장사 령감이 일본말을 잘도 하는 곳

처녀들은 모두 어장주한테 시집을 가고 싶어 한다는 곳

산 너머로 가는 길 돌각담에 갸웃하는 처녀는 금이라는 이 같고

내가 들은 마산 객주집의 어린 딸은 난이라는 이 같고

난이라는 이는 명정골에 산다든데

명정골은 산을 넘어 동백나무 푸르른 감로 같은 물이 솟는 명정 샘이 있는 마을인데

샘터엔 오구작작 물을 긷는 처녀며 새악시들 가운데 내가 좋아하는 그 이가 있을 것만 같고

내가 좋아하는 그이는 푸른 가지 붉게붉게 동백꽃 피는 철엔 타관 시집을 갈 것만 같은데

긴 토시 끼고 큰머리 얹고 오불고불 넘엣거리로 가는 여인은 평안도서 오신 듯한데 동백꽃이 피는 철이 그 언제요

녯 장수 모신 낡은 사당의 돌층계에 주저앉아서 나는 이 저녁 울듯울듯 한산도 바다에 뱃사공이 되어가며

녕 낮은 집 담 낮은 집 마당만 높은 집에서 열나흘 달을 엮고 손방아만 찧는 내 사람을 생각한다

〈통영 2〉 전문

이순신 장군의 사당인 통영 충렬사 건너 쌈지공원에는 백석의 시비가

충렬사 건너편 공원에 세워진 백석의 〈통영 2〉 시비. ⓒ강제윤

서 있다. 시비에 새겨진 시가 〈통영 2〉다. 저 머나 먼 북쪽 땅 정주가 고향인 백석의 시비가 남쪽 끝자락 통영에 서 있는 이유는 무얼까. 그 죽일 놈의 사랑 때문이다. 그래서 이 비석에 새겨진 시 〈통영 2〉를 볼 때마다 나그네는 자꾸만 윤도현의 노래 〈사랑 two〉가 떠오른다. 〈통영 2〉가 아니라 〈사랑 two〉로 읽으면 이해가 쉽다. 백석은 생애를 통해 참으로 많은 여인들의 애간장을 태우고 다닌 사내였지만 통영의 여자 '난'에게는 도리어 큰 상처를 입었다.

통영 출신 천희 '난'에 대한 사랑

〈통영 2〉는 서울 살던 백석이 난이란 여자를 만나러 통영까지 왔다가 못 만나고 그녀가 살던 집과 동네만 하릴 없이 기웃거리다 충렬사 입구 돌계단에 쪼그려 앉아 서글픈 심사로 쓴 시다. 백석은 〈통영〉이란 제목의 시 세 편을 남겼다. 〈통영 2〉도 처음 발표 때는 〈통영〉이란 제목이었다. 백석이 남쪽 끝 항구도시 통영에 대해 시를 세 편이나 남긴 것은 그만큼 그 여자 난에 대한 그리움이 컸던 때문일까.

조선일보 기자였던 백석은 1935년 절친한 친구 허준의 결혼식 축하모임에서 같은 신문사 동료인 신현중의 소개로 당시 이화고녀 학생이던 통영 여자 난박경련을 만나 사랑에 빠진다. 백석은 스물넷, 난은 열여덟 꽃다운 나이였다. 백석은 후일 그의 산문 '편지'에서 난의 모습을 이렇게 그리고 있다.

'남쪽 바닷가 어떤 낡은 항구의 처녀 하나를 나는 좋아하였습니다. 머리가 까맣고 눈이 크고 코가 높고 목이 패고 키가 호리낭창하였습니다.'

난은 신현중의 누나 제자였던 터라 신현중과는 잘 아는 사이였다. 백석은 내친김에 신현중과 함께 허준의 통영 신행길을 따라나섰다. 사랑하게 된 여인의 고향과 집을 보고 싶었던 것이다. 그때 쓴 시가 1935년 12월 《조광》에 발표된 〈통영〉이다.

옛날에 통제사가 있었다는 낡은 항구의 처녀들에겐 날이 가지 않은 천희라는 이름이 많다
미역오리같이 말라서 굴껍지처럼 말없이 사랑하다 죽는다는
이 천희의 하나를 나는 어늬 오랜 객주집의 생선가시가 있는 마루방에서 만났다
저문 유월의 바닷가에선 조개도 울을 저녁 소라방등이 불그레한 마당에 김냄새 나는 비가 나렸다
〈통영〉 전문

1936년 1월 백석은 통영 출신의 천희 중 하나인 난을 만나기 위해 다

시 통영을 방문한다. 통영에서는 아직도 처녀를 '천희' 혹은 '처니'라고 부른다. 하지만 통영 '천희' 난은 겨울방학이 끝나가자 서울로 상경해 버린 탓에 서로 길이 엇갈린다. 이때 상실감을 안고 쓴 시가 앞서 언급한 〈통영 2〉다.

백석은 3월에도 다시 통영을 방문하지만 이때도 결국 난을 만나지 못한다. 대신 난의 외사촌 오빠 서병직에게 융숭한 대접을 받는다. 이때 쓴 시가 서병직에게 헌사한 〈통영-남행시초 2〉다.

백석은 난을 만나지 못한 섭섭함을 술과 품바타령과 통영시장 구경으로 달랬던가 보다. 또 한 번의 엇갈림, 하지만 사랑의 엇박자는 여기서 그치지 않았다.

사랑과 우정의 삼각 드라마

1936년 12월 백석은 친구 신현중과 함께 다시 통영을 방문해 난의 어머니에게 난과 혼인할 뜻이 있음을 전한다. 이때의 상황은 2010년 통영시에서 발간한 《예향 통영》에 세밀히 나와 있어 인용한다.

'1937년 난의 어머니 서씨는 서울에 사는 오빠 서상호를 만나 난의 혼사문제를 상의하고 백석에 대해 알아봐 줄 것을 청한다. 서상호는 통영 출신의 독립운동가였고 해방 후 2대 국회의원을 지낸 통영의 유력자였다. 난은 외삼촌 서상호의 집에서 돌봄을 받으며 학교를 다니고 있었다. 서상호는 아끼는 고향 후배 신현중에게 백석에 대해 묻는다. 그때 신현중은 숨겨 주어야 할 친구 백석의 비밀을 발설하고 만다. 그것은 백석의 어머니가 기생 출신이라는 소문이 있다는 사실이었다. 그 때문에 백석과 난의 혼사는 깨져버린다. 대신 그 자리에서 신현중은 서상호에게 자신이 난과 혼인할 뜻이 있음을 밝히고 단번에 승낙을 받는다. 1937년 4월 7일 신현중과 난은 혼인을 한다.'

백석은 믿는 도끼에 발등이 찍혔다. 백석의 입장에서는 친구의 배신이다. 뒤늦게 이 사실을 알게 된 백석의 마음이 어떠했을까. 백석은 후일 여러 글에서 믿었던 친구에게 버림받은 아픔을 토로한다. 이 시도 그 중 하나다.

그렇건만 나는 하이얀 자리 위에서 마른 팔뚝의
새파란 핏대를 바라보며 나는 가난한 아버지를
가진 것과 내가 오래 그려 오던 처녀가 시집을 간 것과
그렇게 살뜰하던 동무가 나를 버린 일을 생각한다
〈내가 생각하는 것은〉 중에서

친구가 자신을 버린 것도 아픔이지만 그보다는 연모하는 여인을 잃은

저물녘 백석이 '울듯울듯' 마음의 '뱃사공이 되어' 건너던 한산도 바다. ⓒ이상희

슬픔이 더 크지 않았겠는가. 그 상실감이 백석의 여러 시와 산문을 통해 드러난다. 통영에 왔을 때 백석도 그 시원한 대구탕을 먹었던 기억이 깊게 남았던 모양이다.

> 내 사랑하는 어여쁜 사람이
> 어느 먼 앞대 조용한 개포가의 나지막한 집에서
> 그의 지아비와 마주앉아 대굿국을 끓여놓고 저녁을 먹는다
> 벌써 어린 것도 생겨서 옆에 끼고 저녁을 먹는다.
> 〈흰 바람벽이 있어〉 중에서

사랑이 깊으면 외로움도 깊어라!

충렬사 건너 백석의 시비 앞에서 나그네는 드라마보다 더 극적인 엇갈린 사랑과 우정의 드라마를 본다. 하긴 언제나 현실은 삶을 배신하기 일쑤다. 현실보다 더한 막장 드라마가 어디 있으랴. 사랑 앞에서는 국경이 없다지만 사랑 앞에서는 우정 또한 없다. 고금에 사랑 때문에 친구끼리 등을 돌리는 것은 흔한 일이다. 백석의 친구 신현중 또한 난이를 연모했으니 어찌 그만을 탓하랴. 친구는 사랑의 전쟁터에서 승리한 것뿐이다!

백석에게는 미안한 일이지만 사랑의 실패 덕분에 우리는 백석의 그 아름다운 시편들을 얻게 됐다. 난과의 사랑에 성공했다면 백석은 아마 통영에 정착해 살았을지도 모를 일이다. 그렇다면 시인이 아니라 혹 선원이나 선주가 되지는 않았을까. 우리는 빛나는 시인 한 사람을 잃을 뻔했다. 그러나 이런 상상이 정작 백석 자신에게는 아무런 위로가 되지 못할 것은 자명하다. 계관 시인의 명성을 잃을지언정 연모하는 여인의 사랑을 얻고 싶은 것이 남자가 아닌가.

2
이중섭, 통영에서 대표작 〈소〉를 그리다

**통영에서 그려진
〈흰소〉, 〈황소〉,
〈달과 까마귀〉**

그림에 문외한이라 하더라도 이중섭1916~1956의 〈소〉 그림 한 점쯤 모르는 사람은 드물다. 미술 교과서에 〈소〉 그림이 실려 있고 방송 언론을 통해서도 자주 소개되기 때문이다. 하지만 그림에 관심이 있는 사람이라도 이중섭의 대표작 〈소〉 연작이 통영에서 그려졌다는 사실을 아는 이는 많지 않다.

이중섭은 젊은 시절부터 소에 푹 빠져 지냈다. 종일토록 소만 바라보며 보낸 날들이 많았다. 어느 해인가는 원산의 송도원 들판에서 끊임없이 소들을 관찰하다가 소도둑으로 오인받기까지 했을 정도다. 이중섭이 소를 관찰하는 동안 소들은 하나둘씩 이중섭의 몸 안으로 들어와 자리를 잡고 살기 시작했다. 마침내 이중섭의 몸 안에는 드넓은 초지가 생겼고

소떼가 풀을 뜯었다. 이중섭은 스스로 목장이 되어버렸다.

한국전쟁이 나고 피난민이 되어 부산으로 제주로 떠도는 동안에도 이중섭은 소들을 키웠다. 자신은 굶어도 소들은 풀을 먹었다. 그렇게 오랜 세월 키우던 소떼를 몰고 이중섭이 통영으로 왔다. 통영에서 이중섭은 깨달았다. 제 안에 기르기엔 소들이 너무 커져버렸다는 것을. 이중섭은 마침내 기르던 소들을 풀어 줘야겠다고 생각했다. 풀려난 소들이 이중섭의 손끝을 타고 화폭으로 쏟아졌다. 이중섭의 화폭 위, 통영의 들판에서 흰소도, 황소도, 포효하는 소도 마구 뛰어놀았다. 통영은 어느새 소떼들 천국이 되어버렸다.

제주 서귀포처럼 통영도 피난 시절 이중섭에게 안식을 준 땅이다. 한국전쟁이 일어나자 이중섭 일가는 여러 곳을 떠돌며 전전했다. 부산과 서귀포 피난 생활 후 가족을 일본으로 떠나보낸 이중섭은 한동안 통영에 머물렀다.

기존의 연보들에는 이중섭이 6개월 남짓 통영에서 생활한 것으로 알려졌지만 최근 연구와 증언을 통해 이중섭이 1952년 늦봄에 통영에 와서 1954년 봄까지 2년 동안 통영에 머문 것으로 밝혀졌다. 이중섭은 함경도 북청 출신으로 통영에서 활동하던 공예가 유강렬의 도움으로 통영 생활을 시작했다. 통영의 공무원 김순철은 그의 저서 《통영과 이중섭》에서 통영 시절 이중섭과 한방에서 생활했고 전시회도 함께했던 전혁림 화백 등의 증언을 바탕으로 이중섭의 통영 체류 기간과 통영 시절 그린 작품을 밝혀냈다.

이중섭의 대표작 〈흰소〉와 〈황소〉, 〈달과 까마귀〉, 〈부부〉, 〈가족〉, 〈도원〉 등이 모두 통영 시절 작품이다. 이중섭은 통영의 풍경도 많이 그렸다.

시인은 사랑하면 시를 쓰고 화가는 사랑하면 그리게 되는 것이다. 그래서 통영 소녀를 사랑한 백석은 〈통영〉이란 시를 세 편이나 썼고, 통영을 사랑한 이중섭은 통영을 그리고 또 그렸다. 〈세병관 풍경〉, 〈통영 앞바다〉, 〈통영 풍경〉, 〈통영 유원지〉, 〈남망산 오르는 길이 보이는 풍경〉, 〈충렬사 풍경〉 등이 통영을 배경으로 한 그림들이다.

가히 통영 시절은 '이중섭의 르네상스'였다. 이중섭은 유강렬뿐만 아니라 통영의 화가 김용주와 초대 통영 시장 김기섭 등의 후원으로 통영에서 안정적인 생활을 꾸리며 작품 활동에 매진할 수 있었다. 그래서 통영을 떠날 때는 감사의 표시로 김기섭에게 그의 대표작 〈흰소〉를 선물하기도 했다.

특히 통영 출신 화가 김용주는 이중섭의 가장 든든한 후견인이었다. 이중섭에게 물감과 캔버스 등 미술재료를 공급해 주는 것은 물론 무엇보다 생을 이어가는 데 필수품인 쌀과 된장, 간장, 김치 등 먹거리를 책임져 주었으니 생명의 은인이다.

원산미술가동맹위원장 이중섭

이중섭은 1916년 4월 10일, 평양 인근 평원군에서 부농의 막내아들로 태어났다. 유복자였던 그는 청상과부 어머니의 품에서 자랐고 유년기의 대부분을 외가에서 보냈다. 그의 외조부 이진태는 서북 농공은행장, 초대 상공회의소 회장 등을 역임한 거물 실업가였다.

이중섭은 어려서부터 그림에 소질을 보였다. 일곱 살 때 장마당에서 외할머니가 사준 사과를 먹지 않고 집에 가져와 실물 크기로 그린 것은 유명한 일화다. 이중섭은 민족교육의 산실이던 오산학교를 다녔고 함석헌 선생에게 배우기도 했다. 뒷날 이중섭 일가는 원산으로 이주했다. 그의 형 또한 원산 최초의 백화점 '백두'의 사장이 됐다. 일본 동경으로 유학한 이중섭은 그곳에서 '동방의 루오'라는 명성을 얻었으며 그의 아내 야마모토 마사코를 만났다.

졸업 후 정혼자인 마사코를 두고 원산으로 돌아온 이중섭은 최승희의 수제자 다야마 하루코, 피아니스트 서덕실 등과 잠깐 연애에 빠지기도 했다. 태평양 전쟁 말기 마사코가 원산으로 건너오자 둘은 결혼했고 마사코는 이남덕이란 이름을 새로 얻었다. 해방이 되고 소련군이 진주하고 사회주의 정권이 들어서면서 이중섭은 환영받았지만 그의 형은 친일파로 체포되어 처형당했다. 그는 원산 여자사범학교 교사가 됐으나 사흘 만에 그만두고 고아원 교사로 아이들과 어울렸다. 이때의 경험이 〈군동화〉

를 낳았다. 생계를 위해 양계를 했고 이 경험에서 〈투계도〉가 나왔다.

    그의 그림들은 철저하게 현실 경험에 바탕을 둔 리얼리즘 예술이었다. 그 때문에 이중섭은 소련 비평가들로부터 마티스나 피카소 수준이라는 격찬을 받았고 원산미술가동맹 위원장을 지내기도 했다. 하지만 사회주의 선전화를 그릴 수 없었던 이중섭은 곧 배척당했다. 한국전쟁 직후까지 원산에 머물던 이중섭은 1.4 후퇴 이후 어머니를 두고 월남했다.

이중섭의 르네상스 통영 시절

    북의 원산에서 배를 타고 남쪽의 부산으로 피난 내려온 이중섭은 1951년 4월, 다시 해군 경비정을 얻어 타고 제주도 서귀포로 건너갔다. 이중섭은 현치수라는 농부의 배려로 방 한 칸을 얻어 서귀포에 정착하면서 모처럼 안정을 찾고 평화를 누렸다. 7개월 동안 서귀포에 체류하던 이중섭은 12월에 다시 부산으로 나왔다. 1952년, 생활고에 시달리던 아내 마사코와 아이들은 일본으로 떠나고 이중섭은 부산에서 한동안 부두노동자 생활을 하다 1952년 늦봄부터 통영 생활을 시작했다. 통영 생활 중 이중섭이 그의 대표작들을 마구 쏟아낸 것은 통영 친구들의 후원으로 안정된 생활을 누릴 수 있었던 까닭이 아니었을까. 또 헤어진 가족들에 대한 그리움이 그의 예술혼에 기름을 부었던 대문이 아니었을까.

통영시 항남동 241-1번지, 경남도립 나전칠기 기술원 양성소. 이중섭은 그곳 책임자였던 유강렬의 배려로 나전칠기 기술원 양성소 건물에서 전혁림, 김경승, 남관 등과 함께 기거하며 작품 활동을 했고 전혁림, 유강렬, 장윤성 등과 통영의 호심다방에서 4인전을 열기도 했다. 1953년 12월에는 항남동의 성림다방에서 40여 점의 작품으로 개인전을 열기도 했다. 당시는 다방이 화랑 같은 기능도 했던 때다. 4인전에 대한 고 전혁림 화백의 회고다.

"장윤성이하고, 유강렬하고, 나하고, 중섭이가 모여서 그림 팔려고 한 거 아닙니까? 팔렸어! 나 그림은 서울 사는 부인이 다방으로 들어오다 마는 현장에서 돈을 주고 사 가고 그랑께 딴 사람들이, 중섭이가 혀를 헤 내밀더만. 중섭이 〈소〉는 딴 사람이 샀어요. 그때 돈으로 8만 원이라고 하드나." 구술집 《전혁림 다도해의 물빛 화가》 중에서

전혁림은 이중섭이 통영에 오기 전 부산에서 처음 만나 친해졌다. 당시 이중섭은 일본에 가 있는 부인을 통해 일본 책을 들여와 파는 일을 했다. 하루는 이중섭이 책값을 받으러 간다며 전혁림에게 동행을 청했다. 하지만 이중섭은 돈을 못 받고 빈손으로 나왔다. 왜 돈을 못 받고 나오느냐고 물으니 "아, 자식이 수제비를 먹고 있잖아. 그래서 그냥 왔지." 했다

한다. 이중섭은 그렇게 착한 심성의 소유자였던 것이다.

이중섭은 나전칠기 기술원 양성소에서 학생들에게 데생을 가르치기도 했다. 통영 옻칠미술관의 김성수 관장도 이중섭에게 가르침을 받은 제자다. 현재 도립 나전칠기기술원 양성소가 있던 월드 세븐랜드 건물 앞에는 이중섭이 작품 활동하던 곳이라는 표석이 세워져 있다. 문화마당에는 이중섭의 그림과 연보판이 세워져 이중섭을 기리고 있다.

이중섭은 항남동 포트극장 근처 '복자네 집'이란 술집에서 청마 유치환을 비롯한 통영의 벗들과 자주 어울려 술을 마셨다 한다. '샘이집'이라는 술집에서는 다다미방 바닥에 잉크를 부어 손으로 그림을 그리다 주인 할머니의 타박을 받은 적도 있었다. 그 그림은 아마도 낙서 취급을 받으며 지워지고 말았을 것이다.

통영에서 그리고 싶은 그림을 마음껏 그렸던 이중섭은 통영을 떠난 후 진주, 서울, 대구 등을 전전하던 중 1956년 9월 6일 서울 적십자 병원에서 간장염으로 영원한 안식을 얻었다. 이중섭이 통영에 살지 않았더라면 한국의 미술사는 한결 초라해졌을 것이다. 〈소〉 연작을 비롯한 그의 대표작들이 그려지지 못했을지도 모르기 때문이다. 그러므로 한국 미술계는 통영에 큰 빚을 졌다.

3
사랑했으므로 간디와 청마는 행복했을까?

간디와 영국
해군제독
딸의 사랑

사랑하는 것은
사랑을 받느니보다 행복하나니라.
오늘도 나는 너에게 편지를 쓰나니

그리운 이여, 그러면 안녕!

설령 이것이 이 세상 마지막 인사가 될지라도
사랑하였으므로 나는 진정 행복하였네라.

유치환 〈행복〉 중에서

세속의 욕망을 모두 초월한 것처럼 보였던 '위대한 영혼' 간디에게도 애타게 그리운 연인이 있었다. 인도에서는 몇 해 전 인도 독립의 아버지인 마하트마 간디1869~1948와 한 여인의 정신적 사랑을 다룬 전기소설이 출간되어 파문이 인 적이 있다.

인도의 정신분석학자인 수디르 카카르는 간디 탄생 135주년을 기해 펴낸 전기소설에서 간디가 비밀리에 그의 제자이자 영국 해군제독의 딸인 미라본명 매덜린 슬레이트와 애틋한 정신적 사랑을 나누었던 사실을 공개했다. 이 책은 네루 메모리얼 뮤지엄 도서관에 소장되어 있는 1925~1930년, 1940~1942년 사이 간디가 미라에게 쓴 350통의 편지를 토대로 한 실화 소설이다. 국내에서는 지난 2006년 《물레를 돌려보지만 잊을 수 없습니다-간디의 숨겨진 사랑》이란 제목으로 번역 출간된 바 있다.

로맹 롤랑이 쓴 간디의 전기를 읽고 간디의 철학에 매료된 33세의 처녀 매덜린 슬레이트는 1925년, 영국을 떠나 간디당시 56세가 수행 중이던 사마르마티의 공동체를 찾아가 그의 문하생이 된다. 간디는 그녀에게 미라라는 이름을 선물한다. 미라는 공동체의 일을 도우면서 인도의 독립운동에도 참여한다. 두 사람의 사랑은 간디가 1948년 힌두 과격분자의 총탄에 숨을 거두기까지 계속된다. 미라는 1958년 인도를 떠나 오스트리아의 빈의 교외에서 여생을 보냈지만 누구에게도 간디와의 관계에 대해 이야기하지 않았다고 한다.

한 편지에서 간디는 미라에 대한 절절한 그리움을 이렇게 토로한다.

'당신이 뇌리에서 떠나지 않습니다. 주변을 둘러보다 문득 당신을 그

리워합니다. 물레를 돌려보지만 잊을 수는 없습니다.'

미라 또한 간디에 대한 애끓는 마음을 이렇게 애타게 표현한다.

오! 나의 사랑하는 의사 선생님이시여! 당신은 내 질병을 진단하셨지만 얼마나 큰 오류를 범하셨는지요! 나의 질병은 당신과 분리되는 것입니다. 당신이 내 곁에 계시지 않는 것이 나를 아프게 합니다. 나의 질병을 치료할 수 있는 유일한 방법은 당신의 존재입니다. 먼 곳으로 떠나갔다가 다시 돌아오시는 겁니다. 나의 의사는 내 질병의 원인이자, 또한 치료제이자, 유일한 의사입니다. 당신의 미라로부터.

간디는 31세부터 아내와의 육체적 관계를 끊었고, 37세에는 영원한 순결을 서약해 일생 동안 '순결'을 지켰다고 그의 자서전에 썼다. 수디르 카카르는 이 전기소설이 두 사람 간의 관계를 왜곡했다는 일부 간디 제자들의 항의에 대해, "두 사람 간에 육체적 관계는 전혀 없었다."고 해명했다. 간디는 또 그의 자서전에 37세 때 했던 순결의 서약을 한 번도 어긴 적이 없다고 기록하기도 했다.

나는 간디가 육체적 순결을 지켰는지, 않았는지는 별 관심이 없다. 나 또한 간디를 존경하지만 간디가 사람이고 한 남자라는 사실을 부인할 생각도 없다. 그러니 간디가 그의 제자와 어떠한 관계를 맺었든 간디에 대한 나의 존경심이 변할 까닭은 없다. 다만 간디 같은 사람들이 육체적 관계는 죄악시하고 정신적 관계만 지고지선인 것처럼 주장하는 태도가 합당한지에 대해서는 의문이 들 뿐이다. 어째서 간디는 미라를 그토록 갈구하고 영혼까지 사로잡혔으면서도 육체적 관계는 거부했던 것일까. 영혼을 빼앗겼으면서 순결을 지켰다고 주장하는 것은 과연 합당한 것일까.

몸은 만질 수 있는 영혼

곰곰이 생각해 보라. 영혼을 빼앗기고 '육체적 순결'만을 지킨 것이 진실로 순결을 지킨 것인가. 그것은 육체를 타락 속에 내던지고 '영혼의 순결'은 지켰다고 주장하는 것만큼이나 허황되다. 어째서 몸은 사악하고 정신만이 선한가. 어째서 육체적 관계는 더럽고 정신적 관계만이 신성한가. 정신이나 영혼이 소중하지 않다는 뜻이 아니다. 정신, 영혼만큼이나 몸, 육체 또한 소중하다는 말이다. 영혼의 교감 없이 육체만을 탐하는 사랑이 건조하듯이 몸 부대낌 없이 정신적 교감만을 나누는 사랑 또한 공허하다. 영육이 분리된 어떠한 사랑도 불완전하다. 영혼만큼이나 몸도 소중하다. 몸과 영혼 모두가 온전히 결합될 때 비로소 사랑은 완성된다. 그것은 몸이 곧 영혼이기 때문이다. '몸은 만질 수 있는 영혼'이다.

육체는, 몸은 결코 영혼과 분리되어 존재할 수 있는 특수 물질이 아니다. 몸이 생기면 영혼이 생기고, 몸이 자라면서 영혼도 자란다. 마침내 몸이 죽으면 영혼도 소멸한다. 불멸은 없다. 한 번 받은 몸이 소중하고 재생될 수 없는 영혼이 눈물겹게 아름다운 것은 그 때문이다. 영혼뿐이겠는가. 어떠한 존재도 불멸은 없다. 모든 존재는, 몸은, 영혼은 유한하다. 유한하기 때문에 덧없는 것이 아니라 더없이 소중하다. 그런데 어째서 간디는 영혼의 유일한 실체인 육체를 불결하게 생각했던 것일까. 영혼의 불멸을 믿었던 때문일까.

어째서 정신적 사랑만 순결한가?

통영 이야기를 하는 자리에서 불쑥 간디 이야기를 꺼낸 것은 통영 출신 청마 유치환 1908~1967 시인과 정운 이영도 1916~1976 시인의 사랑이 육체적 관계가 배제된 정신적 사랑이었다는 이유만으로 칭송되고 있기 때문이다. 통영에서 가장 오래된 서점인 '이문당서점' 부근에는 청마 거리가 있다. 한국의 도시들 중 문화예술인의 이름을 딴 거리가 가장 많은 곳이 통영이지 싶다. 청마거리 중심부에 청마의 편지 때문에 유명한 그 중앙동 우체국이 있다. 중앙동 우체국 앞 공원에는 청마의 흉상과 시비가 함께 서 있다. 2008년 시민들의 성금으로 건립됐다.

또 남망산 아래 정량동에는 청마문학관이 있다. 문학관에는 청마의 생가도 복원되어 있는데, 본래의 생가가 그곳은 아니다. 본래 생가는 도로 확장 공사로 철거됐고 그 자리에는 지금 통영누비 가게가 들어서 있다. 청마문학관에 있는 생가는 당시의 모습을 재현한 것이다. 문학관에는 청마가 이영도 시인과 주고받은 연서도 전시되어 있다. 한동안 청마의 출생지가 통영이냐 거제냐를 두고 의견이 분분했었다. 결국 거제는 청마가 태어나 두 살까지 살았던 곳이고 통영은 성장했던 고향으로 결정이 났다. 그래서 거제에도 청마기념관이 있고 청마의 생가가 있다. 묘소 또한 거제에 있다.

중앙동 우체국은 청마가 사랑하던 여인 정운 이영도 시인에게 매일 편지를 부치던 곳이다. 우체국 뒤에는 청마의 부인 권재순 여사가 경영하던 유치원이 있었고 그 유치원 마당에 청마의 창작 공간인 2층집 영산장이 있었다. 부인이 마련해준 그 작업실에서 청마는 연인 이영도에게 매일같이 애달픈 편지를 썼고 중앙동 우체국에 와서 부쳤다. 그 편지가 무려 5000통이다.

해방 후 통영여중 교사로 부임한 청마는 그곳에서 수예와 가사를 가르치던 시조시인 이영도를 만났다. 두 사람이 처음 만났을 때 청마는 부인이 있었고 이영도는 혼자 몸이었다. 청마는 서른여덟, 이영도는 서른. 이미 가정이 있었으나 청마는 이영도에 대한 사랑의 감정을 주체할 수 없었다. 이영도는 경북 청도 출신의 시조시인 이호우의 여동생이다. 이영도가 통영으로 온 것은 남편의 지병인 폐결핵 때문이었다. 결핵 치료차

통영시 정량동에 있는 청마문학관과 복원한 생가. ⓒ강제윤

언니 이남도가 살던 통영으로 이주했으나 남편은 결국 세상을 등지고 말았다. 이영도는 교사생활과 동시에 중앙동 우체국 부근 언니의 가게 안에서 부업으로 수예점도 운영했다.

통영여중에서의 만남 뒤 청마와 이영도는 점차 서로에게 깊이 빠져들었지만 현실은 둘 사이의 사랑을 용납하지 않았다. 그래서 건널 수 없는 강을 사이에 놓고 두 연인은 편지로 다리를 놓았다. 그 다리는 마침내 완공되었을까. 편지라는 5000장의 공사일지를 앞에 두고도 우리는 결코 다리의 완공 여부를 알 수가 없다. 그 다리는 어쩌면 건너기 위한 다리가 아니었을지도 모른다. 세상에는 건널 수 없는 강만 있는 게 아니다. 건널 수 없는 다리도 있는 법이다.

청마는 부인이 마련해 준 집필실 영산장에서 연애편지를 쓴 뒤 걸어 나와 수예점에 있는 이영도를 한동안 우두커니 바라보다 바로 옆, 중앙우체국 우체통에 편지를 넣었다. 주위의 이목이 있으니 곁에 두고도 만나지 못하고 편지만 보내야 했던 청마는 얼마나 애가 탔을까. 그 편지를 받아든 이영도의 마음은 또 어떠했을까.

편지는 1946년 첫 만남 후 1967년 청마가 부산에서 교통사고로 숨지기 전까지 지속됐다. 청마 사후 이영도는 청마로부터 받은 연서를 모아 《사랑하였으므로 행복하였네라1967》라는 서간집을 펴냈고 그 책은 베스트셀러가 됐다. 당시로서는 경이적인 2만5000부가 순식간에 팔렸다. 청마가 작고한 지 한 달 만에 이영도 시인이 책을 낸 것을 두고 여기저기에서 청마를 이용해 책을 팔아먹는다는 비난이 쏟아졌다.

이에 대해 이영도는 자신이 '먼저 서간집을 내지 않으면 다른 여자들이 낼지 모르기 때문에 서둘러낸 것'이라고 해명했다. 이영도에게 중요한 것은 이익이 아니라 청마의 가장 소중한 사랑은 자신이었다는 것을 세상으로부터 확인받는 것이었다. 그래서 책의 인세는 후일 정운문학상의 기금으로 적립되었다.

물론 이 부분은 죽을 때까지 간디와의 사랑을 발설하지 않았던 간디의 연인 미라와 비교되기도 하지만 어느 쪽이 옳고 그른지 따질 일은 아닐 것이다. 이영도는 청마가 자신에게만 마음을 준 것이 아니란 사실을 이미 알고 있었기에 그랬던 것은 혹시 아닐까.

청마의 또 다른
정신적 사랑
반 희 정

이영도의 우려처럼 실제로 청마와 그녀 사이의 서간집이 나온 직후 또 다른 여인이 청마와 주고받은 연서를 묶어 《청마와 사색의 그림자들 1970》이란 서간집을 펴냈다. 그 여인은 한국전쟁으로 상처한 교사 겸 전도사 반희정이었다. 이영도와 연서를 주고받으면서 동시에 청마는 반희정과도 연서를 주고받았던 것이다. 그 기간 또한 5년 1958~1963년 이나 됐으니 결코 짧지 않다. 이영도와 20년이 아니었다면 반희정과의 5년 또

청마가 사랑하던 이영도 시인에게 매일 편지를 부치던 중앙동 우체국. ©강제윤

한 세상의 주목을 받기에 충분했겠지만 안타깝게도 이 사실은 잘 알려져 있지 않다.

청마는 이영도와 마찬가지로 반희정과도 결코 육체적 관계는 갖지 않고 정신적 사랑만을 했다고 한다. 간디가 그랬듯이 청마 또한 육체적 사랑을 부정하다고 생각하고 정신적 사랑만을 추구했던 것일까. 물론 아닐 수도 있다. 육체적 결합을 이룰 수 없으니 더더욱 정신적 사랑에 몰두했을 수도 있다. 그것은 청마만이 알 수 있는 일이다.

나그네는 여기서 또 한 의문에 직면한다. 당시 보수적인 시대적 상황으로 보아 청마와 여인들이 정신적 관계가 아니라 육체적 관계를 맺었다면 엄청난 비난에 직면하고 사회적으로 매장되고 말았을 것은 불을 보듯 환하다. 그런데 아이러니한 것은 육체가 배제된 정신적 사랑만을 했다는 이유로 이들의 사랑이 지고지순하고 아름다운 것이라 미화되고 있다는 사실이다. 우리 시대는 육체적 순결만큼이나 정신적 순결이 소중하다고 떠받들어지는 시대가 아닌가. 청마 부인의 입장에서는 결코 청마가 정신의 순결을 지킨 것이 아니다. 이영도의 입장에서도 반희정과 청마가 맺었던 관계를 생각하면 결코 순결이 지켜진 것이 아니다.

정신적 사랑을 비난하고자 함이 아니다. 정신적 순결만은 꼭 지켜야 한다고 주장하는 것은 더더욱 아니다. 정신적 사랑은 무조건 고결하다고 칭송하면서 육체적 사랑은 더럽다고 지탄하는 이 사회의 이중적 태도에 의문을 제기하는 것이다. 육체적 순결만 지키면 수백, 수천 명과 정신적 사랑을 해도 순결한 사랑인가?

  사람은 때로 정신적 사랑만 추구할 수도 있고 육체적 사랑만을 탐닉할 수도 있다. 또 정신과 육체가 온전히 하나 되는 사랑을 이룰 수도 있다. 어떤 판관이 있어 어느 사랑은 옳고 어느 사랑은 그르다고 재단할 수 있을까. 사람마다 서로 다른 사랑이 있을 뿐인 것을. 나그네는 어떤 사랑도 절대적이라고 주장할 생각이 없다. 다만 육체적 사랑보다 정신적 사랑이 순결하다는 편견이 깨지기만을 바랄 뿐이다.

  청마는 그의 시 〈행복〉에서 '오늘도 나는 너에게 편지를 쓰나니 …… (중략) …… 사랑하였으므로 진정 행복하였네라'고 노래했다. 그런데 과연 그럴까? 육체적 욕망을 버리고 정신의 고결함을 추구했던 간디나 정신적 사랑만을 했다는 청마는 정말 행복했을까. 그렇다면 순결 서약까지 한 간디가 왜 350통이나 되는 편지를 보내며 미라에게 열렬한 구애를 보냈던 것일까. 청마는 어째서 이영도와 정신적인 사랑을 나누며 5000통이나 되는 연서를 쓰는 동안 반희정과도 5년이나 또 다른 연서를 주고받았던 것일까?

미륵산의 운해 ⓒ이상희

Tongyoung

박경리와 통영, 그 애증의 세월

박경리는 왜 50년 동안 고향을 찾지 않았던 것일까?

대하소설 《토지》의 작가 박경리 선생은 살아생전 고향 통영을 떠난 뒤 50년 동안이나 고향을 찾지 않았다. 외국에 나가 살았던 것도 아니고 수몰민이나 실향민처럼 가고 싶어도 갈수 없는 처지도 아니었는데 선생은 어째서 50년 세월, 단 한 번도 고향을 방문하지 않았던 것일까. 《토지》나 《김약국의 딸들》, 《파시》 같은 선생의 소설 속에는 통영을 끊임없이 등장시켰으면서도. 혹 고향에 돌아갈 수 없는 말 못할 사정이라도 있었던 것은 아닐까?

2004년 11월 5일, 박경리 선생은 떠난 지 50년 만에 처음으로 고향 통영을 찾았고, 남망산의 시민문화회관 강연을 통해 고향 사람들과 다시 만났다. 거리 곳곳에는 선생을 환영하는 현수막들이 내걸렸고 800석의 시민문화회관 대극장은 '송곳 세울立錐' 틈도 없이 꽉 들어찼다. 무명의 여인 박금이로 떠났던 고향을 대 작가 박경리가 되어 돌아왔으니 가히 금의환향이라 할 만했다.

이날 강연에서 선생은 통영을 떠나 산 지난 세월이 '생존투쟁'의 나날이었고 25년간은 소설《토지》를 쓰느라 또 10년간은 원주의 토지문화관을 꾸리느라 힘들어서 고향뿐만 아니라 다른 어디도 못 가봤다고 말했다. 또 '기질 탓'에 고향을 찾지 못했다는 이야기도 덧붙였다.

"아무리 그래도 그사이 한 번도 못 왔느냐고 물으시면 변명인지는 모르겠으나 제 기질 탓도 있습니다. 어릴 적 저는 방안에만 있는 '구멍지기'라고 어머니한테 야단맞곤 했지요. 결혼 때는 이웃에서 이 집에 처녀가 있는 줄 몰랐다고 할 정도였으니까요. 수줍음이 많아서 지금도 낯선 사람 만나는 게 힘들어요. 잘나고 도도해서가 아니라 제가 워낙 그래요." 한국일보 2004년 11월 5일 인터뷰 중에서

선생이 50년이나 고향 땅 통영을 찾지 않았던 것이 과연 그 이유만이었을까? 선생의 말을 액면 그대로 믿기는 어렵다. 이날 강연에서 선생은 "그 세월 동안 고향뿐만 아니라 다른 어디에도 못 가봤다."고 했지만 1989년 여름에는 중국 각지를 여행한 뒤 이듬해《만리장성의 나라》라는 중국 기행문집까지 펴낸 바 있다. 또 2002년에는 10년 만에 하동을 다시

찾아가기도 했었다. 그러니 고향뿐만이 아니라 아무데도 못 갔다는 말씀은 그저 '변명인지도' 모른다. 그렇다면 대체 중국 여행도 하고 10년 사이 하동에는 두 번씩이나 갔으면서도 하동과 지척의 고향 통영을 찾지 않았던 것은 왜였을까.

수 업 중 에 도
소 설 책 보 느 라
공 부 는 중 간

::::::
나그네는 지금 통영시 산양읍 신전리 박경리 기념관 전시실 벽 앞에 서 있다. 벽에는 박경리 선생이 남긴 어록이 새겨져 있다.

문학이라는 것은 '왜'라는 질문에서 출발합니다. 우리는 왜라는 질문을 멈출 수 없습니다. 바로 이것이 문학의 골자입니다.

선생은 왜라는 질문을 던지며 창작을 했지만 나그네는 박경리 선생이 50년 동안이나 고향을 찾지 않았던 것인지 그 이유를 알기 위해 왜라는 질문을 던진다. 박경리 선생의 본명은 금이다. 통영에서 태어나 국민학교에 다녔던 소녀 금이는 수업시간에도 소설책을 볼 정도로 책을 좋아했었다. 그래서 국민학교 시절 공부는 겨우 중간쯤밖에 못했다.

"집이 가난해 엄마가 바느질 등으로 근근이 생계를 이어갔지만, 어

통영시 산양읍에 있는 박경리기념관 뒷산에 있는 박경리 선생의 묘지. ⓒ강제윤

린 금이는 언제나 당당하고 궁색한 법이 없었다. 그리고 자립심이 강하고 무슨 일이던 최선을 다했지. 평생 그랬던 것 같아. 지금 생각해 보면 ……."

한산신문 2008년 5월 9일 김영화 기자가 소녀 금이와 어린 시절 친구였던 홍봉연 할머니에게 들은 증언이다. 박경리는 1945년 진주여고를 졸업한 뒤 1946년 1월 30일 김행도와 결혼했다. 하지만 남편 김행도는 한국전쟁 중 서대문형무소에 수감되었다가 사망했다. 혼자가 된 박경리는 아들딸 둘을 데리고 고향 통영으로 내려왔다. 항남동 오거리 부근에서 수예점을 열었다. 당시 친구들이 수예점을 드나들며 물건을 많이 팔아주었다. 자존심 상하지 않게 도와준 것이었다고 홍봉연 할머니는 전한다.

그러나 돌아온 고향에서 박경리는 안식을 찾지 못했다. 아직은 때가 아니었을까. 고향은 그녀를 품어주지 못했다. 어느 해 박경리는 쫓기듯이 통영을 떠나야 했다. 그 날 이후 박경리는 평생 동안 통영 사람들에게 섭섭한 마음을 지울 수 없었다 한다.

세병관 지나 충렬사 방향 언덕길을 오른다. 이 일대가 박경리가 어린 시절 금이로 살던 동네 간창골이다. 간창골은 삼도수군통제영 관아 아래 마을인 관청골이 와전된 이름이다. 간창골 도로변을 따라가는데 고풍스런 2층짜리 붉은 벽돌 건물 하나가 눈길을 끈다. 이 건물은 본래 통영청년단 건물이었다. 3.1운동 직후인 1923년 준공돼서 1931년 통영청년단이 강제 해산될 때까지 10여 년간 통영 항일운동의 본산지였다. 지금은 통영문화원과 통영고등공민학교가 함께 사용하고 있다. 참으로 귀한 역사 유물이지만 의미를 아는 사람은 적다.

적삼 하나만 입어도 소문고개가 환해지던 어머니

서문 고갯마루에 왼쪽 골목이 박경리 생가로 가는 길이다. 이 고개는 옛날 통영성의 서문인 금숙문이 있던 곳이다. 그래서 서문고개가 됐다. 통영말로는 서문 까꾸막이다. 골목 입구에는 《김약국의 딸들》 표석이 놓여 있다. 이 일대는 박경리 소설 《김약국의 딸들》의 주요 무대이기도 하다. 박경리는 어린 시절 자신이 살던 마을을 소설 속으로 끌어들여 생생하게 되살렸다. 표석을 지나 골목 안쪽으로 들어서 쭉 직진하면 박경리 생가였던 집이 나온다. 지금은 다른 이들이 살고 있는 살림집이다. 벽에 붙은 작은 푯말이 이 집의 내력을 알려 준다.

박경리가 태어난 뒤 아버지박수영는 젊은 여자 '기봉이네'와 딴살림을 차려 나갔고 어린 박경리는 어머니와 단둘이 살았다. 어머니는 '적삼 하나만 갈아 입어도 서문안 고개가 환해졌다'고 할 정도로 고왔다. 아버지는 새터지금의 서문시장 일대에서 차부를 운영했다. 통영에 하나뿐인 화물차 차부. 아버지는 통영에서 생선을 실어 진주로 보내면 진주에서는 과일을 싣고 오던 화물차의 차주였다. 차부에는 살림집이 딸려 있었고 아버지는 거기서 '기봉이네'와 딴 살림을 살았던 것이다. 그 덕에 박경리는 일찍부터 상처를 먹고 자랐다. 박경리도 스스로 그 시절의 경험이 작가의 길로 들어서게 된 계기였다고 말한 바 있다.

"나는 어머니에 대한 연민과 경멸 아버지에 대한 증오 그런 극단적인 감정 속에서 고독을 만들었고 책과 더불어 공상의 세계를 쌓았다."

소설 쓰기는 어쩌면 어린 시절 입은 상처를 봉합하는 과정이 아니었을까. 상처는 덧나면 죽음을 불러오기도 하지만 잘 아물면 보석이 되기도 한다. 진주조갯살 속의 상처가 진주를 키우듯이 박경리는 생살을 파고든 온갖 상처들을 덧나지 않게 잘 다스려 문학이라는 빛나는 진주를 키웠다.

총각 선생과 재혼

박경리가 평생 동안 통영 사람들에게 섭섭한 마음을 갖게 한 그 일은 무엇이었을까? 혹 그 일 때문에 선생은 50년 동안이나 고향 통영을 찾지 않았던 것이 아닐까? 삼십대 초반, 박경리는 돌아온 고향 통영에서 충렬초등학교 음악 선생과 재혼을 했다. 총각 선생은 그녀의 딸이 다니던 학교의 교사였다. 용

기념관에 유품으로 재현된 박경리 선생의 집필실. ⓒ강제윤

화사 옆 작은 암자에서 정화스님의 주례로 결혼식을 올렸다. 세간의 비난이 쏟아졌다.

짐작컨대 당시에 총각 선생이란, 더구나 총각 음악 선생이란 지금의 아이돌 못지않은 인기와 동경의 대상이었을 것이다. 그런데 '처녀도 아닌 애 딸린 과부'가 총각 선생과 결혼을 했으니 무사할 수가 있었겠는가. 온갖 악소문과 질시에 시달렸고 결혼 생활은 오래 가지 못했다. 그 와중에 불의의 사고로 아들마저 죽었다. 참척慘慽의 슬픔을 당한 것이다.

그 사건 이후 박경리는 통영을 떠났고 50년 동안 단 한 번도 통영을 찾지 않았다. 결국 그녀가 그 오랜 세월 고향을 등진 것은 그 일련의 사건 때문이었을 가능성이 크다. 그러나 50년 만에 돌아온 고향 통영에서 그녀는 그 당시 입었던 상처에 대해 일체 언급하지 않았다. 하지만 그녀는 결국 고향에 돌아왔고 고향에 묻히길 원했고 고향에 묻혔다. 고향이란 그런 곳이다. 50년 동안이나 간직한 원망도 설움도 한순간에 녹여 버리는.

연민이라는 복음

통영대교 건너 박경리기념관으로 간다. 기념관 뒷산 중턱 양지 바른 곳에는 선생의 묘지도 있다. 고향은 그녀에게 상처를 입혔지만 그녀는 끝내 고향으로 와 잠들었다. 고향도 끝내는 그녀를 품었다. 기념관 전시실에는 토지 친필 원고와 여권, 편지 등의 유품이 전시되어 있다. 그녀가 가졌던 약한 것들에 대한 연민이 가슴을 파고든다. 약자들에 대한 연민이야말로 그녀가 소설을 통해 세상에 널리 전하고자 하는 '복음'이 아니었을까.

"사랑이라는 것이 가장 순수하고 밀도도 짙은 것은 연민이다. 연민, 연민은 불쌍한 것에 대한 말하자면 허덕이고 못 먹는 것에 대한 것, 생명이 가려고 하는 것에 대한 설명이 없는 아픔이거든요. 그것에 대해 아파하는 마음, 이것이 사랑이에요. 가장 숭고한 사랑이에요."
2004년 마산 mbc 특집 대담에서

유마거사는 세상이 아프니 나도 아프다 했다. 그가 진정한 보살인 이유다. 박경리 선생도 세상의 아픔을 같이 아파했다. 그래서 그녀의 문학은 세상의 약한 것들에 대한 연민으로 가득 차 있다. 그녀가 위대한 예술가인 이유다. 약한 것들에 대한 연민이 없는 예술은 예술이 아니다.

5
상처입은 용, 윤이상

윤이상 선생은 생존 당시 현존하는 유럽 5대 작곡가에 선정됐고 뉴욕 브루클린 음악원의 교수들에 의해 사상 최고의 음악가 44명 중 한 명으로 뽑혀 이름이 동판에 새겨지기도 했다. 44인의 위대한 음악가 중 20세기 작곡가로는 윤이상과 스트라빈스키 등 네 명 뿐이었다.

통영국제음악제는 본래 윤이상국제음악제란 이름으로 준비됐었다. 하지만 음악제는 끝내 그 이름을 갖지 못했다. 여전히 윤이상 선생을 색안경을 끼고 보는 이들이 있기 때문이었다. 그래서 윤이상 선생으로 인해 생긴 음악제가 윤이상이란 이름을 쓰지 못하는 촌극이 빚어졌다. 세계적인 예술가도 분단 조국의 비극 앞에서는 한낱 피해자에 불과하다.

윤이상 선생은 과거 동백림동베를린 사건 때 간첩 누명을 쓰고 투옥생활을 했지만 후일 고문에 의해 조작됐다는 사실이 밝혀져 누명을 벗었다.

통영시 도천동 도천테마파크 안에 있는 윤이상기념관. ⓒ강제윤

그럼에도 아직껏 근거 없는 주장으로 선생을 비난하고 욕되게 하는 이들이 있다. 작년에도 몇몇 사람들이 윤이상 선생에게 근거 없는 누명을 씌우려 했지만 통영 시민들의 반발로 그 시도가 무산된 바 있다.

서호시장 뒤편, 도천동 도천테마파크에는 윤이상기념관이 있다. 그런데 밖에서는 공원 안의 건물이 윤이상기념관이란 사실을 알기가 쉽지 않다. 건물 외부에는 기념관 간판이 없기 때문이다. 공원 입구 표지석에는 도천테마파크란 이름만 쓰여 있다. 본래 이 공원도 윤이상기념공원으로 계획됐었다. 하지만 국제음악제처럼 이 공원 또한 윤이상이란 이름을 갖지 못했다.

기념관 출입구 벽에는 윤이상기념관 건물이 2010년 좋은건설발주자상 대상대통령상을 수상했다는 푯말이 크게 걸려 있으나 여기도 기념관 현판을 찾기는 쉽지 않다. 벽면 안쪽 구석에 보일 듯 말 듯한 작은 글씨로 윤이상기념관이란 이름이 새겨져 있을 뿐이다.

이름이 있어도 이름이 없는 기념관. 그의 고향은 그가 얻은 세계적 명성 덕에 성공적인 국제음악제를 개최하고 있는데 정작 그는 고향에서 이름도 드러내지 못하고 있다. 윤이상 선생은 생전 자신의 모든 음악은 통영에서 출발했다고 말했다. 통영에서 들었던 모든 소리가 그의 음악적 모티브가 됐던 것이다.

윤이상기념관은 유품 전시실과 실내 공연장과 실외 공연장인 경사광장으로 이루어져 있다. 경사광장은 그저 공연장으로만 쓰이는 게 아니다. 누구나 찾아와 쉴 수 있는 휴식공간이기도 하다. 나그네는 여름날 저녁 경사광장에 누워 더위를 식히는 동네 할머니들의 평화로운 모습을 본 적이 있다.

도천테마파크에는 윤이상 선생이 살던 독일의 집 정원에서 가져온 가문비나무가 기념 식수되어 있다. 나무는 윤이상 선생 생전의 모습들을 기억하고 있을 것이다. 유품 전시실은 2층이다. 전시실 안에는 윤이상 선생의 어머니가 쓰던 함지박과 호리병, 독일 유학 시절 연주하던 바이올린, 친필 악보, 그가 입던 옷들과 중절모, 그가 어린 시절 썼던 요강까지 전시되어 있다.

윤이상은 1917년 9월 17일 경남 산청군 덕산면에서 부친 윤기현과 모친 김순달 사이에서 장남으로 태어났다. 1920년 가족들과 함께 통영으로 이주해서 성장했다. 하지만 통영은 윤이상의 선조들이 통제영이 시작될 때부터 대대로 살았던 땅이다.

윤이상의 선조는 세병관을 세운 데 공헌한 사람 중 한 분이었고 증조부까지 선조들은 대부분 수군 장교로 통제영에 복무했다. 출생지는 산청이지만 삶의 자양분을 얻고 그를 키운 고향은 통영이었다. 윤이상은 그의 자서전격인 루이제 린저와의 대화록 《상처 입은 용》에서 고향 통영에 돌아가 노년을 보내다 그곳에 묻히고 싶다고 소망했다.

어느 날 은퇴해 고향으로 돌아가 그저 조용한 바닷가에 앉아 물고기를 낚고 마음속으로 음악을 들으면서 위대한 고요함 속에 내 몸을 뉘였으면 합니다. 또 나는 그 땅에 묻히고 싶습니다. 내 고향 땅의 온기 속에 말입니다.

하지만 그의 소박한 꿈은 끝내 이루어지지 못했다. 도천테마파크에는 그의 동상이 있고 윤이상기념관 2층 전시실에는 그의 흉상이 있다. 살아생전 그토록 고향에 오고 싶어 했으나 조국은 그것을 허락하지 않았고 그는 회한을 품고 이승을 하직했다. 그를 대신해 그의 동상이 고향 통영으로 왔다. 그의 흉상은 평양 윤이상연구소에 있는 흉상을 만수대 창작사에서 복제해 준 것이다. 윤이상평화재단의 의뢰로 제작되었다.

하지만 이 흉상 또한 고향으로 오는 길이 수월치 않았다. 2009년 6월 인천항으로 반입됐으나 북한의 핵실험 후 정부의 반입보류 조치로 오랫동안 인천 세관 창고에 있어야 했다. 통영 예총의 탄원으로 어렵사리 통영으로 왔으니 그의 시련은 죽어서도 끝나지 않았다. 그는 분단의 비극을 사후에까지 온몸으로 체현하고 있다.

윤이상이 겪은 고난의 시초는 1967년 중앙정보부에 의해 조작된 동백림 간첩단 사건이다. 그는 영문도 모르고 구속돼 무기징역을 선고받았다. 독일에서 작품 활동을 하던 그는 중앙정보부에 의해 납치되었고 밀실에서 고문을 받고 간첩으로 조작됐다. 후일 동백림 사건은 군사정권이 반정부 활동을 탄압하기 위해 조작한 사건으로 밝혀졌다. 이 사건으로 파리에서 활동하던 세계적인 화가 이응로 화백도 함께 고초를 겪었고 천진함의 대명사 천상병 시인 또한 고문으로 평생을 고생했으니 이들은 야만적인 권력의 희생양이었을 뿐이다.

윤이상은 일제 하 통영에서 항일운동을 하다 옥고를 치른 민족주의자였지만 결코 공산주의자도, 북한을 위해 일하지도 않았다. 1963년 그가 북한을 방문했던 것은 그의 음악에 영감을 준 고구려 고분 벽화 속의 사신도를 직접 보기 위해서였다.

그는 오히려 북한 방문 당시 경직된 체제에 대해 비판적이었다. 북한의 고위 간부 중 한 사람이 조선노동당원이 될 생각이 없느냐고 물었을 때 그는 분명히 그럴 생각이 없다고 대답했다. 건설의 성과에 대해서는 강한 인상을 받았지만 전반적으로는 위화감을 갖고 북한을 떠났다.

그럼에도 그는 그 방문을 이유로 간첩 누명을 쓰고 무기징역을 선고받아야 했다. 하지만 독일과 세계 각국 문화예술인들의 석방운동 덕분에 2년 만에 풀려나 독일로 돌아갈 수 있었다.

말년의 윤이상은 고향땅 통영에 귀향하길 간절히도 원했으나 정부는 그의 귀국을 금지했다. 그는 1994년 통영 시민들에게 육성 메시지를 전하며 통영에 대한 절절한 그리움을 토로했다.

유럽에 체재하던 38년 동안 나는 한 번도 통영을 잊어 본 적이 없습

윤이상기념관 2층 전시실에 있는 윤이상 흉상.
평양 윤이상연구소에 있는 흉상을 복제한 것이다. ⓒ이상희

니다. 그 잔잔한 바다, 그 푸른 물색, 가끔 파도가 칠 때도 파도 소리는 나에게 음악으로 들렸고, 그 잔잔한, 풀을 스쳐가는, 초목을 스쳐가는 바람도 내겐 음악으로 들렸습니다.

통영이야말로 윤이상 음악의 원천이었다. 그런데도 그의 고향은 그를 온전히 받아들이지 못하고 있다는 느낌이 든다. 오늘 윤이상기념관을 찾는 사람은 많지 않다. 여행자들뿐만 아니라 통영 시민들이 더 적극적인 관심과 애정으로 윤이상 선생을 품어 주었으면 좋겠다.

윤이상기념관을 나선다. 도천테마파크에도 마을 사람 몇이 앉아 있을 뿐 한산하다. 윤이상기념관 100미터쯤 앞은 해저터널이다. 이제 나그네는 윤이상 선생이 고향에서 완전히 복권되기를 기원하며 해저터널 입구를 향해 간다. 생전에 선생이 그토록 그리던 그 깊고 푸른 통영 바다의 심연으로 들어가는 것이다.

6
코발트블루,
다도해 물빛 화가 전혁림

**노무현 대통령이
직접 주문한
〈한려수도〉**

노무현 대통령 재직 시절인 2006년, 청와대 벽면에 그림 한 점이 새로 걸렸다. 통영 앞바다를 그린 〈한려수도〉란 대작이다. 작가는 당시 나이 구십이 넘은 노 화백이었다. 화백이 젊은 시절 그린 그림이 아니라 구십 노구에 그린 신작. 그 그림의 작가가 전혁림1915~2010 화백이다. 코발트 블루! 〈한려수도〉의 바다는 더없이 푸르고, 산도 푸르고 들도 푸르다. 화면에는 없지만 푸른 물빛으로 보아 분명 하늘도 푸르렀을 것이다.

2005년 11월 어느 날, 용인의 이영 미술관에서는 전혁림 화백 신작전 〈구십, 아직은 젊다2005년 11월 12일~2006년 1월 18일〉가 열리고 있었다. 그날 아침 YTN 뉴스에서 전시 소식이 나갔다. 아침 방송을 보던 노무현 대통령은 "바로 가자." 하고는 버스를 타고 미술관을 방문했다. 노 대통령은 전시회를 관람하고 전시된 전 화백의 작품 〈한려수도〉의 구매를 원했다. 〈한려수도〉란 작품은 이영 미술관에서 전 화백의 기획전을 준비하며 전 화백에게 제목을 정해 주고 의뢰해서 탄생한 작품이었다. 당시 이영 미술관에는 전 화백의 추상화만 있었지 풍경화가 한 점도 없었다. 그래서 통영 풍경을 대작으로 그려 달라고 청했고 전 화백은 구상과 추상을 섞어 동화 같은 구성으로 2000호짜리 대작을 그렸던 것이다.

노무현 대통령은 그 작품에 감동을 받고 작품 구입을 원했으나 사이즈가 너무 커서 청와대에는 걸 곳이 없었다. 그래서 같은 그림을 다시 그려 줄 것을 청했고 전 화백은 응낙했다. 〈한려수도〉가 청와대 벽에 걸리게 된 저간의 사정이다.

전 화백의 아들 전영근 화백이 전해 들은 바에 따르면 노무현 대통령은 부산에서 변호사를 하던 시절부터 전 화백의 그림을 좋아했었다고 한다. 노 대통령이 전 화백의 그림을 수집하던 친구의 집에서 그림을 많이 접했던 까닭이다. 그런데 나이가 많아 돌아가신 줄 알았던 전 화백의 전시회 소식을 듣자 반가움에 급히 달려갔던 것이다.

해 석 에
반 대 한 다!　　　색채의 마술사, 다도해의 물빛 화가, 색면 추
　　　　　　　　상의 대가, 한국적 추상화의 비조. 한국의 피
카소. 모두 전혁림 화백을 일컫는 다양한 수식어들이다. 전혁림 화백은 이승을 뜨고 없지만 통영에는 그의 작품이 상설전시되는 미술관이 있다. 전혁림미술관. 미술관은 통영 미륵산 아래 봉수골에 있다. 전혁림미술관에 들어서면 입구부터 기분이 환해진다. 미술관이 아니라 어디 바다나 들에 소풍이라도 온 것처럼 마음이 들뜬다. 건물을 보고 있으면 마냥 기분이 좋아진다. 미술관 건물을 감싸고 있는 색채의 향연 때문이다.

　미술관 건물은 자체로 하나의 예술 작품이다. 건물 외벽은 그대로 전시실이다. 건물에는 전혁림 화백과 아들 전영근 화백의 작품들이 7500장이나 전시되어 있다. 세라믹 타일에 두 화가의 작품을 담아 외벽에 붙였다. 3층의 외벽은 전혁림 화백의 1992년 작 〈창Window〉을 타일 조합으로 재구성해 대형 벽화를 만들었다. 미술관 건물의 안과 밖이 모두 전시장이니 미술관은 휴관일에도 전시가 계속되는 셈이다!

　미술관이 개관한 것은 전혁림 화백 생전인 2003년 5월 11일이다. 1975년부터 30여 년 살던 집을 헐고 그 자리에 등대와 탑의 형식을 접목해서 미술관을 건립했다. 등대는 전 화백이 즐겨 그리던 통영 바다를 상징하고 탑은 전 화백이 영감을 얻었던 우리의 전통문화를 상징하는 듯하다. 미술관 전시실에서는 전혁림 화백의 작품 80점과 관련자료 50여 점

그 자체로 하나의 예술 작품인 전혁림미술관 건물. ⓒ강제윤

이 상설전시되고 작품들은 3개월 단위로 교체 전시된다.

나는 그림을 좋아하지만 여전히 추상화에는 문외한이다. 구상화는 눈으로 형태가 느껴지는 그림이고 추상화는 눈으로 형태가 느껴지지 않는 그림이라는 정도로만 추상화를 알고 있다. 어째서 추상화는 이해하기 어려운 것일까 궁금했다. 그래서 전혁림미술관 관장이기도 한 전영근 화백에게 물었다. 돌아오는 대답이 명료하다.

"추상화를 보고 이해하지 못하겠다는 것은 많은 그림을 보지 못했다는 증거예요. 더 많은 그림을 보세요. 그러면 보는 눈이 열립니다. 그리고 참, 그림은 이해하는 것이 아닙니다. 느끼는 것이지!"

전 관장의 이야기에 나는 무릎을 쳤다. 추상화가 어렵게 느껴졌던 것은 내가 그림을 해석해서 이해하려 했기 때문이다. 감각으로 받아들여야 하는 것을. 물론 이해와 해석이 필요한 예술 작품도 있을 것이다. 하지만 그 또한 이해와 해석에 앞서 감각으로 받아들이는 것이 먼저가 아니겠는가. 이는 내가 늘 시를 해석하려 드는 사람들에게 하는 소리이기도 하다. 시는 해석하는 것이 아니라 느끼는 것이다! 해석하려 하지 말고 가슴으로 느껴라! 그렇다. 해석은 예술의 적이다! 일찍이 수전 손택이 갈파한 것처럼 "해석은 지식인이 예술가에게 가하는 복수다." 그래서 해석에 반대한다!

"오늘날은 그런 시기, 대부분의 해석 작업이 반동행위에다 숨통을 조이고 만 그런 시기다. 도시의 공기를 더럽히는 자동차와 공장의 매연처럼, 예술을 해석하는 사람들이 뱉어 놓은 말들은 우리의 감성에 해독을 끼친다. 정력과 감성을 희생하면서까지 비대해질 대로 비대해진 지식인의 존재가 이미 해묵은 딜레마가 되어버린 문화권에서, 해석은 지식인이 예술가에게 가하는 복수다." 수전 손택 《해석에 반대한다》 중에서

예술에는 선생이 필요 없다!

전혁림 화백은 통영에서 태어나 독학으로 화업을 성취해 대가의 반열에 올랐다. 부산과 마산에서도 활동을 했었지만 생애의 대부분은 고향 통영에서 작업을 했고 통영에서 생애를 마쳤다. 전 화백은 구술집 《전혁림 다도해의 물빛 화가》에서 예술가에게는 스승이 필요 없다고 단언한다.

"예술은 선생이 필요 없어. 자기 혼자 배우는 거라고. 나는 특별한 스승이 없이 나 혼자 독학으로 그림을 배웠어. 스승이 있다면 책하고 자연이지."

나 또한 시를 누구에게 배운 적 없이 시인이 됐다. 스승이 있다면 책과 사회였다. 그래서 나는 전 화백의 예술관에 동의한다. 전 화백은 아흔이

통영은 맛있다

〈통영항〉 2006년 작, 640×190cm ©전혁림미술관

넘어서도 하루 여덟 시간 이상 붓을 들 정도로 열정이 넘치던 화가였다. 전혁림 화백에 대한 이 짧은 글을 쓰기 위해 나는 틈만 나면 미술관에 가서 그의 그림을 감상하고 도서관을 들락거리며 전 화백에 대한 책들을 섭렵했다. 그래도 나의 전혁림 공부는 여전히 부족하다. 내가 만났던 책 중에 전 화백을 가장 깊이 이해할 수 있게 해준 것은 그의 구술집이었다. 거기 가슴을 때리는 전 화백의 말씀들이 많다. 무엇보다 감동적이었던 것은 이 대목이다.

"희랍의 바다나 통영의 바다나 다 같잖아. 내가 희랍에 갔을 때 바다를 보고 이 바닷물이 통영항의 바닷물과 똑같다는 생각을 했어."

구술 당시 96세였던 노 화백은 자신이 바다를 그리는 이유가 바다에는 낭만이 있기 때문이라 했다. 한 세기를 산 로맨티스트 노인이라니! 선생은 그리스 여행을 갔을 때 그리스의 바다와 통영의 바다가 같은 바다, 똑같은 바닷물이라고 느끼셨단다. 이국 취향을 사랑하는 이들은 그리스 같은 이방의 바다는 낭만적이라 여기면서 한국의 바다는 그저 범상하게 생각하는 경향이 있다. 하지만 전혁림 화백은 한국의 바다에도 그리스 바다와 다르지 않은 낭만이 있다는 것을 간파했다.

전혁림 화백의 그림 속 통영 바다는 끝 간 데 없이 푸르고 원초적인 생명력으로 가득하다. 그리고 또 한없이 낭만적이다. 노스탤지어를 불러일

으키고 로맨스를 꿈꾸게 한다. 전 화백은 한국 바다가 가진 낭만적인 아름다움을 강렬한 푸른 색채로 표출한다. 통영의 바다도 시식각각 변화한다. 늘 짙푸르기만 한 것은 아니다. 하지만 전 화백은 통영의 바다가 푸르름의 끝에 도달해 있을 때 그 푸른 바다를 얼른 포획해 화폭으로 옮겨버린다. 절정의 바다를 통째로 훔쳐다 화폭에 담아버린 것이다. 이건 마치 진묵대사의 게송처럼 '하늘을 이불 삼고 바다를 잔을 삼아' 놀던 그 경지가 아니겠는가.

불확실한 시대에 가장 확실한 존재

전혁림 화백은 일찍부터 그림에 특출한 재능을 보였으나 오랜 세월 잊힌 작가로 살아야 했다. 1949년 1회 국전에서는 대통령상을 놓고 수상자와 겨루다 입선했고, 1953년 2회 국전에는 〈늪〉이란 작품을 출품하여 문교부장관상을 수상했다. 1950년대와 1960년대에도 다양한 단체전과 개인전에 참가했고 〈국전〉에도 꾸준히 출품해서 입선했지만 중앙화단과 교류를 끊고 지낸 탓에 비교적 오랜 세월 무명에 가까운 '지방 작가'로 살아야 했다. 그래서였을까. 말년의 구술에서 전 화백은 서울 중심주의에 대한 가차 없는 비판을 잊지 않는다.

"지금은 그래도 좀 낫지만 그 전에는 서울 놈들이 얼마나 텃새가 심했는지 몰라요. 한국은 시골에 있으면 전부 다 지방 작가라 하는데 그렇게 단정할 수는 없는 기고. 지금 서울도 하루 만에 왔다 갔다 하는데 지방이 있나? 전부 대한민국이지, 서울이지. 멸시, 멸시, 멸시 많이 당했어요. 문화예술을 기획한다든지 무슨 행사가 있다든지 그러면 서울 사람들끼리 즈그만 해가 패거리 문화 패거리 문화 하는가 보던데. 지금도 그라는 갑데. 그거는 아주 안 좋은 겁니다. 엄밀히 말하면 서울도 시골이오."

'멸시를 당하던 지방 작가' 전혁림이 한국 화단의 중심으로 불쑥 솟아오르게 만든 사건이 있었다. 그것은 1979년 〈계간 미술〉이 기획한 '작가를 재평가한다'는 기사였다. 그 기사는 환갑이 한참 지난 전 화백이 비로소 제대로 된 평가를 받게 만든 신호탄이었다. 전 화백은 백남준, 오지호 화백 등과 함께 과소평가 받는 작가로 재조명됐다. 당시 기사에서 석도륜은 '잊혀져 있어 누구도 들어보지 못한 이름인 전혁림. 전혁림이란 작가야말로 방금 인구마다 회자되어지고 있는 그 누구 열 사람과도 바꿀 수 없는 작가다. 이 불확실한 시대에 그는 가장 확실한 존재'라고 썼다. 반면 이중섭, 김은호 화백 등은 과대평가 받는 작가로 재평가됐다.

구술집《전혁림 다도해의 물빛 화가》에서 질문자가 "석도륜은 이중섭 선생은 그림보다 신변잡기 얘기로만 평가됐던 사람인데 선생님은 그림

〈달밤〉 2006년 작, 31×38cm ⓒ전혁림미술관

으로 평가할 수 있는 유일한 작가라고 했는데 어떻게 생각하시느냐?"고 물었다. 그러자 전 화백은 "이중섭은 사건이 많은 사람이지만 정당하게 평가된 사람이었다."고 옹호했다.

나도 석도륜의 의견에 반대한다. 나는 이중섭 화백의 사건들이 아니라 그의 그림들에서 격한 감동을 받는다. 그러므로 이중섭 화백에 대한 평가는 정당하다고 생각한다. 그보다는 그가 살아있을 때 합당한 평가나 대우를 받지 못했던 점이 오히려 안타까울 뿐이다. 전혁림 화백과 이중섭 화백의 인연은 깊다. 이중섭 화백의 부산 피난 시절 처음 만났고 이후 이중섭 화백이 통영에 살던 2년 동안 내내 술도 마시고 그림도 그리며 함께 어울렸다. 1952년에는 통영의 호심다방에서 전혁림, 이중섭, 유강렬, 장윤성이 함께 어울려 4인전을 열기도 했었다.

구십, 아직은 젊다!

전혁림 화백은 〈계간미술〉의 재평가를 계기로 1980년대 이후 본격적으로 재조명되며 국내외에서 크고 작은 전시회를 지속적으로 열었고 왕성한 창작을 이어갔다. 그래서 전 화백은 '조선 민화에서 느껴지는 조형적 미감과 오방색의 강렬한 색체대비로 단청이나 전통 보자기, 옛 장신구 등에서 느껴지는 민족 고유의 정서를 재해석하고 현대화한 한국적 색면 추상화의 대가'라는 평가를 받기에 이르렀다.

이러한 평가처럼 전혁림 화백은 흔히 한국 추상화의 대가로 인식된다. 하지만 그는 결코 추상과 구상 어느 한쪽에 속해 있는 존재가 아니었다. 그 경계인 반추상에도 있지 않았다. 그의 작품들을 보면 그는 경계가 없는 자유인이었음이 분명하다. 구상과 추상, 반추상 같은 경계를 두지 않고 사물의 핵심을 드러내는데 필요하면 어떤 기법이든 형식이든 재료든 가르지 않고 자유롭게 썼다. 그러므로 전 화백의 작품을 구상이나 추상, 반추상 따위로 구분하여 묶어 두려는 시도는 부질없어 보인다. 삶은 추상과 구상 혹은 반추상 어느 한 요소로만 구성될 정도로 단순한 것이 아니다. 온갖 요소들이 혼융混融되어 있다. 예술은 삶의 반영이 아닌가. 그래서 나는 어느 한 요소에 얽매이지 않는 전 화백의 방식이 옳다고 생각한다.

전혁림 화백의 그림은 서양화지만 민화와 공예품을 비롯한 우리의 전통 문화에 뿌리를 두고 있다. 1989년, 중앙일보 주최로 전혁림 근작전 '칠순의 젊음, 다도해의 물빛 화가전'이 열렸을 때 전 화백은 중앙일보 기자와의 인터뷰에서 자신은 민화에서 많은 것을 배웠다고 고백하기도 했다.

"나는 민화에서 많은 것을 배웠다. 내 그림은 오랫동안 경험을 통해서 걸러내진 내 삶의 총체다."

전 화백은 전통에서 작품의 모티브를 찾으면서도 끊임없이 새로운 것을 추구했다. 민족적인 것을 현대화하고 전혁림화시켰고 고령이 된 뒤에도 작업을 멈추지 않았다. 전영근 관장은 아버지 전혁림 화백이 작고할 때까지 한시도 붓을 놓지 않았다고 증언한다.

"어떤 이들은 그림 많이만 그리면 뭐하느냐, 좋은 그림 하나만 그리면 되지 한다. 하지만 만 개를 그려야 그중에 하나 좋은 그림이 나오는 것이다. 대가라 해서 그리는 것마다 명작이 나오는 것이 아니지 않는가. 피카소나 마티스 같은 천재 화가들도 하루에 열 점 이상씩 그렸다. 정열과 열정이 있어야 한다. 아버지도 돌아가시기 전날까지 그림을 그리셨다."

그렇게 열정적으로 작업을 했던 까닭일까. 전혁림 화백이 구십이 넘어서 내놓은 작품들에서도 정열이 넘친다. 원로의 작품이 아니라 청년의 작품 같은 활기가 느껴진다. 그의 전시회 제목처럼 '구십 아직은 젊다'는 말은 결코 과장이 아니다. 예술가들뿐이랴. 조로해 버리는 이 사회가 새겨들어야 할 경구다.

"구십, 아직은 젊다!"

〈새 만다라〉, 2007년 작, 200×1200cm ©전혁림미술관

5

Tongyoung

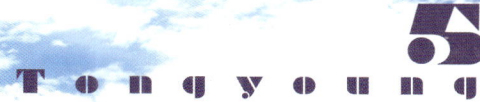

사람의 길이 사람을 만든다

충렬사 건너 백석의 시비 앞에서 나그네는 드라마보다 더 극적인 엇갈린 사랑과 우정의 드라마를 본다. 하긴 언제나 현실은 삶을 배신하기 일쑤다. 현실보다 더한 막장 드라마가 어디 있으랴. 사랑 앞에서는 국경이 없다지만 사랑 앞에서는 우정 또한 없다.

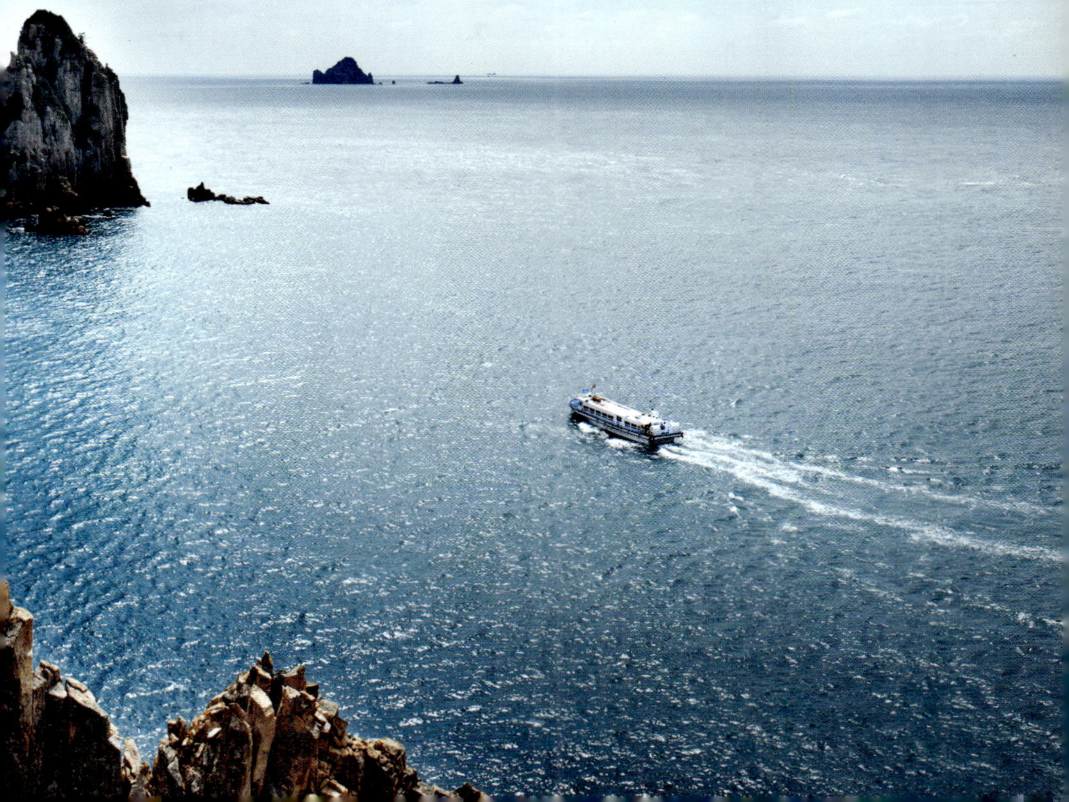

봄에 피면 춘백, 겨울에 피어야 동백이다

카 멜 리 아 의
여   인   파리 사교계의 여인, 마르그리트 고티에는
밤마다 동백꽃을 들고 다녔다. 한 달 중 25일
은 흰 동백, 나머지 5일은 붉은 동백을 들고 극장이나 사교계에 나타나
동백꽃카멜리아 여인으로 불렸다. 알렉상드르 뒤마 필스의 소설《춘희》에
나오는 이야기다. 붉게 타오르는 겨울의 심장. 정염의 상징인 동백冬柏은
겨울에 피어야 동백이다. 따뜻한 봄에 피는 동백은 동백이 아니다. 춘백
春柏이다. 가을에 피는 것은 추백秋柏이다.

한겨울 추위를 뚫고 피어나는 동백이야말로 진짜 동백이다. 한겨울에
는 많은 동백꽃을 보기가 어렵다. 하지만 단 한 송이일지라도 한파를 뚫
고 피어오른 동백을 봐야 진짜 동백을 봤다 할 수 있다. 눈보라 속에 피
어나는 설중매야말로 진짜 매화인 것처럼. 통영 충렬사에서는 한겨울 한

가을에 피면 추백, 봄에 피면 춘백, 겨울에 피어야 동백이다. ⓒ강제윤

파를 뚫고 피는 진짜 동백을 볼 수가 있다.

나그네는 충렬사에 오면 무엇보다 백석 시인의 시가 먼저 생각난다. 연모하는 통영 소녀 난을 만나러 왔다가 헛걸음하고 충렬사 난간에 하염없이 기대앉아 시를 썼던 백석. 그 백석 시인의 시비가 충렬사 건너편 정자 옆에 서 있다. 실연의 아픔을 시와 술로 달랬던 백석도 충렬사 동백을 보고 가슴 뜨거웠으리라.

사당이나 향교 같은 건축물을 둘러보는 것을 고리타분하게 생각하는 사람들이 많다. 나그네 또한 그랬었다. 무언가 지나치게 의미가 부여된 건축물은 너무 무겁기 때문이다. 하지만 요즈음은 그런 오래된 건축물들을 부러 찾아다닌다. 굳이 의미를 따지지 않고 소요하러 가는 것이다. 편안한 마음으로 가야 친숙해질 수 있다.

고건축물의 고즈넉한 분위기와 정갈한 정원과 수백 년 묵은 고목들. 고건축에는 역사만 있는 것이 아니다. 휴식과 안식, 옛 시절에 대한 그리움이 깃들어 있다. 공원을 나들이하듯이 가벼운 마음으로 자주 찾다 보면 고건축물이 참으로 편안한 공간이라는 사실을 깨닫게 된다. 통영의 충렬사도 그런 곳이다. 이순신 장군의 제사를 지내는 사당이란 생각만 가지고 참배를 간다면 얼마나 무겁고 경건해야 하겠는가. 이제는 그런 무거움에서 탈피해야 한다. 참배란 강요한다고 되는 것이 아니다. 마음에서 우러나야 가능하다. 산책하기 좋은 공원 같은 사당, 그곳이 나그네에게는 충렬사다.

나그네가 충렬사를 자주 찾는 이유는 사당의 고건축물이 주는 고즈넉한 분위기가 좋아서이기도 하지만 더 큰 이유는 동백나무 고목들 때문이다. 충렬사 경내에 들어서면 500년이나 된 아름드리 동백나무 고목 네 그루가 나란히 서 있다. 동백나무로서는 좀처럼 보기 드문 거목들이다. 동백나무는 성장 속도가 워낙 느리기 때문에 수령이 많아도 거목은 드물다. 그 대신 도끼날도 잘 안 들어갈 정도로 단단하다.

옛날 충렬사 부근 마을 처녀들은 충렬사 입구 명정샘으로 물을 길러 다녔다. 겨울 새벽이면 처녀들은 물을 긷기 전에 충렬사 경내로 들어가 이 오래된 동백나무에서 동백꽃 한두 송이를 땄다. 샘에서 물을 기른 뒤 처녀들은 물동이 위에 동백꽃을 띄웠다. 처녀들은 어째서 물동이에 그 붉은 동백꽃을 띄웠던 것일까. 처녀들이 물동이에 띄운 것이 정말 동백꽃이었을까. 혹시 그녀들 속에서 타오르는 붉디붉은 정념은 아니었을까.

김구, 이승만, 여운형까지 참배했던 사당

: : : : : :

충렬사는 충무공 이순신 장군을 기리는 사당이다. 제7대 이운룡 삼도수군 통제사가 선조 39년1606년 왕명에 따라 지었다. 봄과 가을, 음력 2월과 8월 그달의 두 번째 정일丁日인 중정일中丁日에 춘추 향사제사를 봉행한다. 또 양력 4월 28일에는 탄신제를 지낸다. 1895년 삼도수군통제영이 폐지된 이후에는 통영의 유지들이 충렬사 보존회를 설립해서 제사를 받들어 왔다.

일제 강점기에는 왜경이 장군의 위패를 칼로 부수고 문에 그려진 태극문양에 덧칠하여 일장기로 바꾸고 또 위패를 모신 정당에 못질까지 해서 제사를 지내지 못하는 수난을 당하기도 했었다. 8.15 해방 직후에는 김구, 여운형, 송진우, 신익희, 이승만 같은 인사들이 환국하여 가장 먼저 참배했던 성지였다. 마치 현재의 국립현충원 같은 위상이었다. 지금은 더 이상 그런 모습을 볼 수 없게 됐지만 통영 사람들에게는 여전히 세병관과 함께 정신의 본향 같은 곳이다.

충렬사 사당을 둘러보고 강한루 밑을 빠져나와 오른쪽 유물 전시관으로 향한다. 유물 전시관에는 임진왜란 당시 명나라 수군도독水軍都督 진린陳璘이 이순신 장군의 전공을 명나라 신종 황제에게 보고하자, 신종이 장군에게 보내온 물품들이 전시되어 있다.

도독인都督印, 호두령패, 귀도, 참도, 독전기, 남소령기, 곡나팔 등의 팔사품보물440호이 그것인데 모두 8종류의 하사품 15개다. 처음에는 삼도수군통제영에 보관되다가 충렬사로 가져와 오늘에 이르렀다. 유물들은 한때 아산 현충사로 옮겨지기도 했지만 통영 시민들의 요구로 되돌아왔다. 도독인은 동으로 만든 도장인데 도장을 넣은 함에는 황조어사인皇朝御賜印이라는 문구가 새겨져 있어 황제가 직접 보내온 도장임을 확인할 수 있다.

충렬사 외삼문 곁 비각 충렬묘비에는 백사 이항복이 지은 이순신 장군의 치적이 새겨져 있다. 여기에는 임란 당시 원군으로 왔던 명나라 진린 도독이 장군을 경외했던 이야기가 적혀 있다. 진린 도독은 "공의 전술을 기이하게 여겨 반드시 이야李爺, 즉 어르신이라 호칭하고 이름을 부르지 않았다."고 전한다. 장군은 조선 백성뿐만 아니라 명나라의 장군들에게도 존경을 받았다. 이순신 장군을 시기 질시했던 건 오로지 무능한 조선의 왕과 권력자들뿐이었다.

통영의 생명수, 명정샘

충렬사를 나오면 횡단보도 건너에 명정샘이 있다. 쌍우물이라고도 부르는 명정샘은 가뭄에도 마르지 않는 통영 사람들의 생명수였다. 이순신 장군이 팠다는 전설이 있지만 이 샘은 1670년 제51대 김경 통제사 때 판 것으로 전해진다. 명정샘 입구에는 박경리 선생의 소설《김약국의 딸들》한 대목이 새겨진 석조물이 놓여 있다.

충렬사 이르는 길 양켠에는 아름드리 동백나무가 줄을 지어 서 있고 아지랑이 감도는 봄날 핏빛 같은 꽃을 피운다. 그 길 연변에 명정골 우물이 부부처럼 두 개가 나란히 있었다. 음력 이월 풍신제를 올릴 무렵이면 고을 안의 젊은 각시 처녀들이 정화수를 길어내느라 밤이 지새도록 지분 내음을 풍기며 득실거린다.

백석 시인도 그의 시 〈통영 2〉에서 '푸르른 감로 같은 물이 솟는' 샘이라고 노래했었다.

명정샘은 하나가 아니라 둘이다. 같은 자리에 굳이 샘을 두 개나 판 것은 무슨 연유일까. 처음 샘 하나를 파고 보니 물이 탁하고 곧 말라버렸다. 그래서 옆에다 우물을 하나 더 파 봤다. 그랬더니 두 우물 다 맑은 물이 나오고 수량도 풍부했다. 위 샘을 일정日井, 아래 샘을 월정月井이라 하는데 두 우물을 합해서 명정明井이라 부른다. 평상시에는 두 우물 모두 마을 공동우물로 사용했다. 하지만 이순신 장군 향사 때가 되면 일정은 충렬사 전용으로만 사용된 신성한 우물이었다.

신성한 우물이었던 만큼 샘에 얽힌 기이한 이야기들도 많이 전한다. 시체나 상여가 이 우물 근처를 지나가면 물이 흐려지는 이변이 생겼다. 또 한때 두 우물을 합해 팔각정으로 개축한 적이 있었는데 갑자기 돌림병이 발생하는 등 재앙이 일어나 다시 명정으로 복원했다. 명정샘은 햇빛을 받지 못하면 물이 흐려지는 까닭에 지붕도 세우지 못했다고 한다. 참으로 기이한 샘이다.

이 작은 샘에 그토록 많은 전설과 금기 따위가 덧붙여진 것은 왜일까. 이순신 장군에 대한 통영 사람들의 마음이 그만큼 지극했다는 뜻일까.

장군의 제사에 올리는 물이니 여느 우물물과는 다른 신비한 물일 거라는 믿음이 그런 이야기를 만들어낸 것은 혹시 아닐까.

상수도가 보급된 뒤부터 명정샘물은 더 이상 사용되지 않는다. 안타까운 일이다. 상수도가 꼭 필요한 것이기는 하지만 상수도 때문에 수백 년 된 우물을 버리는 것은 안타까운 일이다. 우물 또한 소중한 문화유산이다. 수백 년을 솟아나온 샘물, 통영의 상징인 이순신 장근 샘이 아닌가. 수질 관리를 잘해서 길손들도 마실 수 있게만 해준다면 그보다 큰 관광자원이 어디 있을까.

2
통영의 서화담, 도사 백운선생

전설이 되고
신화가 된
백운선생

서화담은 조선 최고의 도사다. 전우치의 도술 스승일 정도로 도력이 높았다. 물론 조선시대 소설 《서화담전》과 《전우치전》에 나오는 허구다. 하지만 소설이 인기를 끌면서 소설 속의 도사 서화담은 현실 대중의 가슴을 파고들어 하나의 신화가 됐다. 마치 실존 인물인 신라의 학자 고운 최치원이 가야산으로 들어가 불사의 존재인 신선이 됐다고 믿어진 것처럼.

도사 서화담은 실존 인물인 조선 중종 때의 학자 화담 서경덕을 모델로 삼은 것이다. 황진이, 박연폭포와 함께 송도개성 삼절의 하나로 꼽힐 정도로 명망이 높았고 당대 민중들의 추앙을 받았던 인물이다. 그를 전능한 도술을 부리는 신화적 존재로 만든 것은 민중의 열망이다. 현실 세계의 온갖 부조리를 초월적인 존재가 개선시켜 주기를 바라는 열망이 실재하는 도사 서화담을 만든 것이다.

개성에 도사 서화담이 있었다면 통영에는 도사 백운 선생이 있었다. 실존 인물이면서 도술을 부려 민중의 답답함을 풀어주었던 이야기의 서사가 아주 흡사하다. '신화는 사회가 꾸는 집단적인 꿈'이라 했다. 도사 서화담도, 도사 백운 선생도 당시 민중의 간절한 꿈이 만들어낸 신화다.

통영에는 백운 선생이 살았던 집이 남아 있다. 그곳이 책운서재다. 백운서재는 조선시대 말엽의 학자 백운 고시완(1783~1841) 선생이 통영의 아이들을 교육시킨 서당이었다. 지금도 해마다 8월 말 정일丁日에 제사를 모신다.

도술로 폭정을
일삼은 통제사를
징 벌 하 다

∶∶∶∶∶∶

조선시대 삼도수군통제사는 통영의 지배자였다. 백운 선생이 살던 시대. 폭정을 일삼던 통제사가 기생들을 끼고 미륵산 기슭에 봄나들이를 나갔다가 잔뜩 취해 통제영으로 들어오는 길이었다. 춘궁기라 백성들은 굶주리며 보릿고개를 넘는 중인데 통제사 행렬은 나발까지 불며 판데목에 이르렀다.

백운서재 뜰 앞 연못을 통해 이 모습을 지켜보던 백운 선생이 화를 참지 못하고 부적을 써서 주문을 외며 연못에 던졌다. 그 순간 통제사가 타고 가던 말발굽이 땅에 달라 붙어버리고 술에 취한 통제사는 말에서 굴러떨어져 버렸다. 백운 선생이 징벌을 내린 것이다. 통영 사람들은 대개 통제영을 이야기할 때 자랑스런 역사만 상상하지만 그 이면에는 관리들의 탐학과 폭정에 시달린 백성들의 뼈아픈 역사도 있었다. 이 전설은 사관들이 기록하지 않은 백성들의 역사를 구전으로 기록한 것이다.

당시 통영에서는 해마다 봄, 가을에 한 번씩 군점軍點 행사가 열렸다. 이때는 삼도수군통제영 휘하의 장졸과 전함 수백 척이 점호를 받았다. 강구안 앞바다에서는 대포소리가 진동하고 학익진이 펼쳐지는 등 해상 훈련하는 수군의 모습이 장관이었다. 고성, 거제, 진주, 산청, 남해 등지의 구경꾼들이 몰려들어 통영은 인산인해를 이루었다. 이때는 서당에서 공부하던 학동들도 구경을 가고 싶어 안달을 했다. 그 마음을 안타깝게 여긴 백운 선생은 학동들을 뜰 안의 연못가로 불러낸 뒤 주문을 외웠다. 그러자 연못의 수면 위에 강구안에서 펼쳐지는 수군들의 점호 모습이 그대로 비쳤다. 연못의 물을 스크린 삼아 생중계한 것이다. 그래서 학동들은 강구안에 가지 않고도 서당에서 수군 점호를 볼 수 있었다고 전한다.

주역에 달통했다는 백운 선생에 대한 이야기는 신비적으로 채색되어 전설이 되고 신화가 되었다. 백운서재는 충무교와 통영대교 초입 두 다리가 갈라지는 부근에 있다. 찻길에 작은 이정표가 하나 있으나 찾기는 쉽지 않다. 이정표 앞에는 세 갈랫길이 있는데 어느 골목으로 들어가야 할지 안내판이 없다. 헤매다 결국 길 가는 행인에게 물었다. 포도 상자를 들고 오던 아저씨가 따라오라신다. 골목 초입에서 멀지 않다. 작은 화살표 하나만 있어도 쉽게 찾을 텐데 아쉬운 일이다.

백운서재 입구는 주차할 만한 곳이 없다. 그러니 걷거나 대중교통을 이용하는 것이 낫다. 도천동 지구대 입구에 하차해 통영궤교 방향으로 걸어오면 길가에 이정표가 보인다. 백운서재 2길로 가지 말고 '아트씽크 도배 공장직영 도매집' 간판이 보이면 거기서 10미터쯤 직진하다 오른쪽 골목을 따라 올라가면 백운서재 1길 14호란 집이 나온다. 그 집 왼쪽 골목을 따라 조금만 더 오르면 정면에 보이는 기와집이 백운서재다.

백운서재 울타리는 오래된 돌담이다. 성벽처럼 쌓은 돌담은 이끼가 끼어 한껏 고풍스럽다. 몇 개의 계단을 올라 대문을 열고 들어서면 왼편에 백운암, 오른쪽은 관리사인지 사람들의 주거 흔적이 보인다. 백운 선생이 학동들을 가르치던 백운암 건물은 작고 소담한 세 칸 기와집이다. 좌우 양쪽에 방 두 칸, 가운데는 대청마루다.

백운암 왼편에는 연못이 있다. 백운 선생이 스크린 삼아 세병관 열병식을 생중계했던 그 연못이다. 연못 위 영모재는 백운 선생 추모 사당이다. 연못 옆 돌담 아래는 샘이 있다. 이런 보물 같은 집이 시내 한복판에 숨어 있다. 마당에는 동백나무 고목 두 그루. 동백열매가 잔뜩 매달려 있다.

사람의 인기척이 들리자 관리사에서 노인 한 분이 나오신다. 이곳에

산 지 벌써 17년째라 한다. 옛날 어린 학동들 글 읽는 소리로 가득 찼을 서당은 지금 텅 빈 절간처럼 조용하다. 한산도가 고향인 노인은 젊은 시절 포항과 통영에서 잠수부로 이름을 떨쳤고 '뭉티기 돈'을 벌었었다. 월급쟁이들이 보통 1만 원씩의 봉급을 받을 때 그는 잠수해서 전복이나 소라, 고동 따위를 건져 올려 매달 3, 40만 원씩의 큰돈을 벌었었다.

하지만 '남의 말만 듣고 장어잡이 배에 투자했다'가 실패한 뒤 백운서재 관리인으로 들어와 살았다. 관리인으로 들어올 때는 마을 노인회장으로부터 한 달에 10만 원씩이라도 주겠다는 약속을 받았는데 지금껏 단 한 번도 수고비를 받아본 적이 없다고 하소연이다. 잘 관리해 온 만큼 수고비를 드리는 것이 마땅한 도리가 아닐까 싶다. 도 지정 문화재이니 관청에서 챙겨야 하지 않겠는가.

노인은 관리인으로 들어온 때부터 단 한 차례도 거르지 않고 매달 음력 초하룻날이면 제사를 모신다. 삼색 과일과 막걸리를 사다 정성껏 배례한다. 백운 선생에 대한 존경과 믿음이 지극하다. 노인은 근래에 참 신기한 일을 겪었다. 서재 안에 샘이 있는데 가뭄에도 물이 마른 적이 없었다. 그런데 영모재 신축 공사를 한 뒤 물이 말라버렸다. 노인은 부정을 탔기 때문이라고 믿는다. 목수들이 집을 짓다가 휴가를 다녀왔는데 휴가 때 개를 잡아먹은 이야기를 하더란다.

절뿐만 아니라 사당에서도 개고기는 금기시된다. 그런데 개고기를 먹은 목수들이 아무렇지도 않게 추모사당을 지으며 개고기 이야기를 해서 부정을 탔다는 것이다. 그것이 아니면 백년도 넘게 마르지 않던 샘이 마를 까닭이 없다고 노인은 믿는 것이다.

"할아버지가 노하지 않았나 생각이 들더라고요."

할아버지는 백운 선생을 말한다. 설마 선생은 도인이셨는데 그 정도도 용서 못하실 정도로 쫀쫀한 분이겠어요, 하는 소리가 목구멍까지 솟아올랐지만 다시 삼키고 반론하지 않았다.

백운 선생에 대한 이야기는 모두가 극적인 전설이다. 노인은 개구리에 얽힌 이야기를 들려주신다. 열병식 생중계 스크린이었던 저 연못에는 개구리들이 살고 있다. 그런데 여기 개구리들은 개굴개굴 요란스럽게 울지를 못한다고 한다.

"얄궂게 작게 울지 크게 못 웁니다. 원래 비단 개구리는 소리가 상당히 요란하거든요."

개구리들이 말더듬이처럼 제대로 울지 못하게 된 데는 이유가 있다는 것이다.

하루는 학동들에게 글을 읽히는데 개구리들이 하도 시끄럽게 울더란다. 백운 선생이 대빗자루에 불을 붙여 연못에 띄웠다. 그러자 개구리들의 울음이 잦아들었다. 그래서 그 개구리 떼의 후손들은 지금까지도 울음소리를 제대로 못 내게 된 것이란다. 백운 선생은 더 이상 이승에 없지만 노인의 믿음은 확고하다. 신비를 믿는 이들에게 신비란 언제나 현존한다.

3
백성을 위한 죄로 파직된 통제사를 추억함

국법을 어기고 소나무를 베어 백성들 집을 지어주다

동피랑에서 남망산72m으로 가는 방법은 여러 길이 있지만 나그네는 덤바우길을 그중 편애한다. 동피랑 2길 나무 계단을 내려가면 동네 구멍가게처럼 주택가에 들어선 쌍둥이 꿀방집이 나타난다. 꿀빵집 옆길을 따라 아래로 이어진 길이 덤바우길이다.

원래 이 골목 길 아래는 바다였는데 매립으로 육지가 되었다. 매립되기 전 해안에 있던 큰 바위를 덤바위 혹은 뜬바우라 했었다. 이 일대 마을은 그 바위에서 이름을 따와 덤바우골이라 했다. 덤바위는 1970년경 도로 확장 공사 때 파괴돼 영영 사라져 버렸다. 덤바위에는 통영이 이순신 장군 유적만큼이나 소중히 보존했어야 할 통제사 김영 암각비岩刻碑가 새겨져 있었으니 애석한 일이다.

순조 29년1829년 이 일대에 큰 화재가 발생해 민가 수백 호가 불타는 참화를 겪었다. 당시 삼도수군통제사는 166대 김영 통제사였다. 화재가 나자 김영 통제사는 덤바위에 올라가 몇 날 며칠을 지휘하며 화재를 진압했다. 화재가 수습된 뒤 통제사는 집을 잃은 이재민들에게 남망산의 소나무를 베어다 집을 새로 지을 수 있도록 배려했다. 하지만 화재로 집을 잃은 백성들에게 살길을 열어준 김영 통제사에게 돌아온 것은 상이 아니라 벌이었다. 그 일로 김영 통제사는 파직당했다. 궁궐 건축이나 군사적 목적으로만 사용해야 하는 소나무를 베어 백성들이 집을 짓게 했다는 죄목이었다. 금송령을 어긴 것이다.

백성을 위해 일했다는 이유로 관리를 파직한 이 사건은 조선이 백성의 나라가 아니라 왕과 사대부들의 나라였을 뿐이라는 사실을 여실히 증명해 준다. 통영 사람들은 자신들을 살려준 김영 통제사의 은덕을 기리기 위해 바위에 그 내력을 새겼다. 하지만 바위가 파괴되면서 그 비문 또한 사라지고 말았다. 가슴 아픈 일이다. 덤바위의 파괴는 개발의 망령 앞에 우리의 문화의식이 얼마나 비루했던가를 보여주는 지표의 하나다. 개발이란 이름으로 사라져버린 이 땅의 자연유산과 문화유산은 또 얼마인가.

김영 통제사는 이순신 장군만큼이나 통영 사람들에게 고마운 존재이며 통영을 거쳐간 그 어떤 통제사보다도 통영 사람들을 사랑한 관리였다. 그런데 지금은 그의 은덕을 아는 사람이 극히 드물다. 지금이라도 그를 기리는 비석 하나쯤 세우는 것이 통영 땅에 사는 이들의 예의가 아닐까!

옛날 영화 속 같은 골목길

동피랑에서 덤바위 길을 내려오는 골목 초입, 낡은 집 앞에는 긴 장대에 태극기와 삼색 리본, 수박무늬 고무공이 매달려 있다. 아마도 점집이거나 무당집일 것이다. 바닷가에 인접한 까닭에 이 동네에도 유난히 무속인들의 집이 많다. 그 집 앞에서 오른쪽 방향으로 쭉 내려간다. 가파르고 비좁은 골목. 1960~70년대를 재현한 드라마 세트장에나 나올 법한 참 오래된 골목이다. 막혔는가 싶으면 뚫려 있고 이 길이 맞다 싶어 가다 보면 막다른 골목이다.

급경사의 골목길 시멘트 바닥에는 미끄럼 방지용 선들이 그어져 있다. 시멘트로 틈이 막아진 석축, 균열이 생긴 그 작은 틈새를 뚫고 풀들이 자란다. 풀들의 놀라운 생명력은 이 비탈지고 강퍅한 언덕에 다닥다닥 붙어서 연명하는 생애들의 비밀과 상통하는지도 모르겠다.

좁은 골목을 내려오면 대형마트 옆에 초라한 슈퍼 하나가 손등의 상처딱지처럼 붙어 있다. 어떻게 살아남았을까. 겨우 숨이나 끊어지지 않았을 터다. 대형마트 뒷길을 따라가면 동호탕. 긴 굴뚝을 가진 오래되고 낡은 동네 목욕탕이다. 목욕탕 집은 한때 부의 상징이기도 했으나 이제는 퇴락하고 영락하여 언제 막이 내릴지 모르는 무대 같다. 동호탕 골목을 빠져나와 강구안 쪽으로 걷는데 할머니 한 분 빈 고무대야를 얹은 작은 수레를 밀고 힘겹게 길을 간다. 텃밭에서 기른 채전거리라도 팔고 집으로 돌아가는 것일까. 건너편 차도에서는 할아버지 한 분이 폐지를 가득 실은 손수레를 끌고 자동차와 나란히 달린다. 세계의 끝에서도 삶은 지속된다.

강구안 주차장 옆길을 따라 남망산 공원에 오른다. 김영 통제사가 소나무를 베어다 백성들 집을 지어줬던 그 산이다. 남망산에는 시민문화회관과 조각공원 등이 있어 공연이나 전시회를 보거나 산책 삼아 많은 사람들이 찾는다. 통영의 주산은 여황산이다. 통영 사람들은 안뒷산이라 한다. 병풍처럼 길게 뻗은 여황산의 동쪽은 망일봉, 서쪽은 천함산, 중앙이 남망산이다. 통영 사람들은 이 산들에 둘러싸인 비좁은 평지나 산비탈에 기대 살아간다.

통영 바다의 금광

남망산에는 또 금광터도 있다. 지금까지 인류는 금을 화성암이나 변성암의 석영맥石英脈 속에서 황철석·방연석·텅스텐 광물 등과 함께 찾아냈다. 통영의 땅은 중생대 말기 백악기에 분출된 화성암이 곳곳에 깔려 있다. 그래서 남망산에는 일제 말까지 금을 캐던 금광터가 남아 있게 된 것이다. 일제 때는 남망산 부근 장좌도 주위와 장좌도에서 공주섬까지 이어진 150m 해저에서도 금을 캤었다 한다.

남망산과 장좌도 해저에 금광이 생기게 된 내력이 흥미롭다. 물론 신화이고 전설이다. 남망산 아래 충무조선공사 동쪽으로 튀어나온 작은 동산은 원래 섬이었다. 일제 강점기에 금광을 채굴하면서 남망산과 이어졌고 근래에 항만 매립 공사 후 육지 가운데 동산이 되고 말았다. 이 동산이 장좌도였다.

오랜 옛날 정량동 덤바우골의 개고랑개울에서 아침 일찍 어느 아낙네가 서답빨래을 하고 있었다. 그런데 갑자기 사방이 어두워졌다. 이상한 예감에 고개를 들어 보니 키가 하늘에 닿을 듯 장대한 마구할매마고할미가 남쪽 바다에서 통영 해안으로 걸어오고 있지 않은가. 깜짝 놀란 아낙네가 "마구할매 온다!" 소리치며 빨래 방망이로 하늘을 가리키는 순간 마구할매 또한 깜짝 놀라 치마폭에 싸고 있던 금덩어리를 모두 다 바다에 내던지고 안뒷산 너머로 사라져버렸다.

마구할매가 얼떨결에 놓쳐버린 금덩어리가 바닷속에 잠기며 섬으로 변해버렸다. 그 섬이 장좌도다. 그래서 장좌도에 금광이 생겨났다는 것이다. 마구할매는 창조 여신인 제주의 설문대 할망이나 지리산의 마고할미의 변형으로 여겨진다.

통영의 밀수로 공급된 ykk 지퍼

공주섬과 밀수에 얽힌 사연도 재미있다.

"통영 항남동 바다에서 밀수 안 한 사람이 어딨노. 그라고 밀수제품 한 번 안 써본 사람이 있겠나."

한산신문 2010년 2월 16일 김상현 기자의 기사 중에서

수산업으로 호황을 누리던 시절 통영은 밀수꾼들의 천국이기도 했다. 무역을 위해 드나드는 배들이 많았으니 밀수의 기회도 많았다. 게다가 밀수만을 위해 전문적으로 한일 간을 오가는 배들도 적지 않았다. 소매물도 산 꼭대기에 세관의 밀수 감시 초소가 있었던 것도 그 때문이었다.

그 시절에는 경기가 좋아 사업도 잘됐다. "중절모를 수입해 1주일 장사하면 거제도에 땅 세 마지기를 산다."고 할 정도였다. 그래서 '통영 가돈 자랑하지 말라'는 속담까지 생겼을 것이다. 흔한 표현이지만 통영에서는 개도 돈다발을 물고 다닌다 했다. 거지도 통영 거지는 캥거루 가죽잠바를 입고 다닌다 했다.

어떤 때는 통영 공주섬 바다에 일제 가죽잠바가 둥둥 떠다니기도 했다. 가죽잠바가 귀하던 시절 일제 가죽잠바를 밀수해 오다 임검에 걸릴 것 같으며 비닐에 잘 싸서 그대로 바다에 던져버렸다. 다음날 찾아가기 위해서였지만 가죽잠바는 바다에 던져진 순간 지나가던 다른 배 차지가

되고 만다. 그러니 분실된 밀수품 때문에 다툼도 많았다.

통영 앞바다에는 일본을 왕래하며 통영의 수산물을 실어 나르는 활어무역선이 늘 삼사십 척씩 떠 있곤 했다. 그 배들이 다들 밀수를 했다는 것이 정설이다. 선원들은 시계 없이 일본에 갔다가 돌아올 때는 손목에 일제 카시오 시계를 차고 와서 내다 팔았다. 지퍼가 귀한 시절이라 일제 지퍼도 숨겨 들여왔다. 다른 지퍼들은 툭하면 터지거나 고장나는데 유독 ykk 지퍼만은 성능이 좋았다. ykk는 세계 지퍼업계의 대표 브랜드다. 세계 지퍼시장의 50%가 ykk 기술로 만들어진 지퍼를 쓴다.

그 ykk 지퍼가 다 통영에서 조달됐다. 물론 밀수품이었다. 통영에서 밀수한 ykk 지퍼가 공급되지 않으면 서울의 옷 공장에서는 청바지를 만들 수 없었다는 전설 같은 이야기도 전한다. 코끼리표 밥통이나 벨벳 등을 밀수해 큰 이익을 챙기는 사람도 많았다. 녹용이나 금괴도 밀수했다. 1964년에는 통영항 녹용 밀수 사건의 상금 문제로 시비가 붙어 부산세관 감시과장이 권총에 맞아 사망한 사건도 있었다. 그만큼 밀수는 밀수꾼이나 감시자들 모두에게 황금어장이었다. 그래서 통영에는 일제 때부터 1970년대까지 밀수로 부자가 된 사람들이 많았다 한다.

남망산 공원 정상에는 1953년 시민들의 성금으로 세운 이순신 장군 동상이 우뚝 서 있다. 조선시대 무과 시험을 치르던 연무정도 있고 통영 시내를 한눈에 전망할 수 있는 수향정도 있다. 남망산 언덕에는 본래 주민들이 살았었다. 1997년 주민들을 이주시키고 생긴 것이 시민문화회관이다. 이 언덕에는 또 국내 작가 5명과 국외 작가 10명의 조각 작품이 전시되어 있다.

  나그네는 문외한이라 그런지 조각 작품들의 의미를 언뜻 이해하기 어렵다. 작품이 아니라 설명을 적은 안내판을 보고서야 겨우 고개를 끄덕이게 된다. 이것이 단지 나그네의 무지 탓이기만을 바랄 뿐이다. 나그네에게는 조각품들보다 남망산 아래 마을의 낡은 건물과 지붕들이 더 예술적으로 느껴진다. 통영에 피난 와 살던 이중섭도 이 남망산을 자주 올랐던가 보다. 그의 그림에도 남망산에서 바라본 통영 풍경이 있다. 일몰 직전 산책을 나와 가만히 앉아서 강구안과 통영 풍경을 바라보면 괜히 설레고 마구마구 행복해지는 뒷동산이다.

은하수 물을 끌어와 병장기를 씻다

통영의 정신적 상징

국보 305호 세병관은 통영의 상징이다. 세병洗兵이란 이름에는 은하수 물을 끌어와 병장기를 씻는다는 뜻이 담겨 있다. 종을 만들 때 어린아이가 희생되었다는 에밀레종 국보 29호 성덕대왕신종 전설처럼 세병관 건립에도 인신공양人身供養의 인주전설이 전해져 온다.

토목기술이 발달하지 못했던 옛날에는 궁전이나 성곽, 신전, 가옥, 교량, 제방 등을 건설할 때 기초에 인간을 생매장하는 풍습이 있었는데 이를 인주人柱라 한다. 사람을 제물로 바치면 신의 분노가 달래지고, 인간의 영靈이 축조물로 옮겨지면서 축조물이 튼튼해질 거라는 믿음 때문에 생긴 잔혹한 풍습이었다. 실제 인신공양이 있었는지 여부에 관계없이 험난한 대형토목 공사들에는 대체로 그런 전설이 따르기 마련이었다.

1603년, 삼도수군통제영 관아 건설공사가 시작됐다. 객사인 세병관을 짓기 위해 터를 닦아 놓고 초석을 놓은 뒤 기둥을 세우기 시작했다. 수십 명의 장정이 달라붙어 기둥 하나를 세우고 나면 이내 쓰러져 버리기를 수십 차례, 끝내 기둥 하나 세우지 못하고 하루가 저물어 갔다. 이 상황을 지켜본 통제사는 수하에게 명하여 고사 지낼 준비를 하게 했다. 고사상을 차린 통제사는 술을 따르며 진노를 거두고 공사를 허락해 달라고 천지신명께 빌었다. 지신에게도 제물을 바쳤다. 고사상에 대한 보답이었을까. 그날 밤 꿈에 백발노인이 나타나 통제사에게 비방을 알려주었다.

　　"사시蛇時, 오전 10시경가 되면 이곳 입구의 고갯길에 철립쇠 삿갓을 쓰고 지나가는 사람이 있을 터이니, 그를 잡아다 우물에 집어넣고는 고사를 지내야만 비로소 만사형통하게 될 것이니 명심하라."

　　잠에서 깬 통제사는 군사를 동원해 우물을 파게 한 뒤 사시가 되기를 기다렸다. 사시가 되자 백발노인의 예언대로 검은 쇠 삿갓을 쓴 사람이 걸어오고 있었다. 통제사는 쇠 삿갓 쓴 사람을 잡아오게 했다. 그런데 까닭 없이 잡혀 온 사람은 통영 말로 '소도방 떠꿍가마솥 뚜껑'을 머리에 인 어린 비구니였다. 비구니는 삼월 삼짇날 풍습인 화전을 붙이기 위해 솥뚜껑을 이고 가는 중이었다. 결국 불쌍한 비구니는 이유도 모른 채 우물에 빠뜨려져 죽임을 당했고 세병관 건물 기둥은 무사히 세워지게 됐다. 통영 지방에 전해지는 철립 쓴 비구니 전설이다. 세병관에 깃든 인주전설은 실제라기보다는 후대에 만들어진 이야기일 가능성이 크다. 하지만 대형 토목 공사 중에는 사고로 사람 목숨이 희생되는 일이 적지 않았으니 이 전설이 꼭 허황되다고만 할 수 없지 않겠는가.

조선 수군의 심장

세병관으로 오르는 길목에는 벅수 한 기 서 있다. 벅수는 돌장승이다. 비보裨補와 벽사辟邪를 위해 주민들이 세운 것이다. 비보란 허한 기를 보하는 것이고, 벽사란 나쁜 귀신을 쫓는다는 뜻이다. 돌장승에는 토지대장군土地大將軍이라는 글자가 음각되어 있으며 드물게 1906년이라는 제작 연대까지 새겨져 있다. 당시 동락동현 문화동 주민들이 풍수지리설에 따라 이 마을의 동남방이 허하다 하여 마을의 평안을 염원하며 돌벅수를 세웠다 한다. 한때는 마을에서 제사를 모신 적도 있지만 지금은 사람들이 촛불을 켜고 치성을 드리는 개인적 신앙물이 되었다.

주택이 들어서 있는 세병관 일대 문화동 마을이 예전에는 삼도수군통제영이 있던 장소다. 세병관은 통제영의 객사였다. 일제 때는 세병관에 벽체와 창문을 달아 학교로 사용하기도 했었다. 일제는 수백 년 이어온 통제영 건물들을 파괴해 버렸는데 세병관만이 재앙을 면했다. 세병관이

통영의 상징 세병관 설경. ⓒ이상희

학교로 개조하기 좋은 구조를 가진 때문이었다. 그래서 세병관은 삼도수군통제영 건물 중 유일하게 살아 남은 유물이 됐다.

세병관은 옛 유물 중 하나라고 그냥 지나치거나 허투루 봐서는 안 될 중요한 건물이다. 원래 고건축물이라는 것이 모르고 보면 낡은 건물일 뿐이지만 의미를 알고 보면 살아 있는 역사다. 세병관은 조선시대 전라, 경상, 충청도의 수군을 총괄 지휘하던 삼도수군통제영의 심장이었다.

본래 통제영에는 세병관 외에도 운주당, 백화당, 중영, 병고, 교방청, 산성청, 12공방 등 100여 채의 관청과 영문이 있었다. 지금은 통제영 복원 공사가 한창이다. 나는 통제영 복원이 껍데기뿐인 빈 건물의 복원이 아니길 바란다. 보존해야 할 귀한 문화재가 아닌 다음에야 사람이 생활하지 않는 건축물은 그저 모형에 불과하다. 그러므로 복원되는 통제영 건물들은 사람들이 실제 거주하는 공간으로 활용될 수 있기를 바란다.

일테면 12공방으로 되살려 활용하는 것은 어떨까. 12공방에 통영의 장인들이 상주하면서 공예품을 만들고 후진을 양성하고 또 관광객들은 작품을 감상하고 구매할 수 있게 한다면 진정 살아 있는 복원이 되지 않겠는가.

세병관은 정면 9칸, 측면 5칸의 단층 팔작집이다. 팔작집은 지붕의 용마루 좌우에 삼각형의 벽, 합각合閣이 있는 외관상 가장 화려한 지붕 형태를 가진 건물이다. 장대석기단長臺石基壇에 위로 갈수록 기둥 두께가 작아져 시각적 안정감을 주는 민흘림기둥 50개를 세우고, 벽체나 창호 없이 통 칸으로 만든 건물이다. 바닥은 우물 정#자 모양의 우물마루이고 천장은 서까래가 드러난 연등천장이다. 뒤쪽 중앙에 한 단을 높여 전패殿牌를 보관하는 전패단을 두었고 전패단 위에는 홍살문을 세워 권위를 부여했다.

왕의 권위를 상징한 객사, 객사 동쪽 건물이라 동헌

객사란 본래 고려, 조선시대 관아의 중심 건물이었다. 조선시대에는 객사의 형태를 표준했으며 전국에 360여 개의 객사를 설치했다. 현재는 그중 10여 곳만이 남아 있다. 대개 지방 관청에서는 수령이 집무를 보는 동헌이 높은 건물일 것 같지만 실상 가장 격이 높은 건물은 객사였다. 객사는 국왕을 상징하는 건물이기 때문이다. 동헌은 객사 동쪽에 있다 해서 동헌이다. 그래서 객사에는 국왕을 상징하는 전패를 모셨다. 지방관으로 부임하는 관리들은 가장 먼저 객사를 찾아 예를 올려야 했다.

일반적으로 객사는 중앙에 정청을 두고 좌우에 날개집인 동익사東翼舍와 서익사西翼舍를 두었으며 누각이 딸려 있다. 중앙의 정청에는 전패殿牌를 두고 지방관인 수령이 초하루와 보름에 대궐을 향해 망궐례望闕禮를 올렸다. 객사에 봉안한 전패는 왕의 초상을 대신했는데 '전殿'자가 새겨져 있어 전패라 한다. 요즘 관청에 대통령 사진을 걸어 두는 것과 비슷하다. 전殿은 궁궐, 전하 등의 뜻을 가지고 있다. 지방에 출장 간 관원이나 수령이 동지, 설, 왕의 생일날이나 하례의식 등이 있을 때도 관원들과 함께 배례했다.

전패는 왕의 상징물인 까닭에 매우 엄하게 관리되었다. 전패를 훔치거나 훼손시킨 자는 본인은 물론 일가족을 처형했으며 그 고을은 혁파되고 수령은 파면되었다. 대궐의 왕 또한 중국황제를 상징하는 궐패闕牌를 모셔 두고 망궐례를 올렸다. 객사에서 정청의 좌우 건물을 낮춰 지은 것은 정청을 높이기 위한 것이다. 객사 앞에는 붉은 칠을 한 홍살문을 두어 신성한 구역임을 표시했다. 또 왕의 교지나 교서를 받는 의식을 거행한 곳도 객사였다. 왕을 대신해 시찰 온 암행어사나 관찰사 등이 업무를 보던 곳도 객사였다. 통제영의 객사인 세병관은 장수들의 전략 회의 장소로도 사용됐다.

객사는 또 왕명을 받은 관리들의 숙소 역할을 하기도 했다. 중앙에 정청을 두고 양 날개에 숙소 건물을 만들었다. 그래서 관사나 객관이라고도 했다. 하지만 현재의 세병관 건물은 일반적인 객사와 양식이 약간 다르다. 양 날개에 숙소로 쓰는 건물이 없고 홍살문도 객사 안에 있다.

평화의 염원을 가득 담은 군사 시설

세병관에서 우리가 무엇보다 눈여겨봐야 할 것은 현판이다. 세병관 현판은 36대 통제사 서유대의 글씨다. 세병관의 세병은 중국 당나라 때 시인 두보의 시 〈세병마洗兵馬〉의 마지막 구절에서 따왔다. 시의 마지막 구절은 이렇다.

安得壯士挽天河 안득장사만천하
淨洗甲兵長不用 정세갑병장불용
어떻게 하면 힘센 장사를 얻어 하늘의 은하수 물을 끌어다가,
갑옷과 무기를 깨끗이 씻어 영원히 사용하지 못하게 할 것인가.

지금은 사라지고 없지만 예전에는 중앙동 한일은행 서쪽 언덕에 만하정挽河亭이란 정자도 있었다. 만하정은 1785년에 세운 2층 정자다. 지금은 만하정이 있던 언덕이 마라정 혹은 마루정이란 이름으로 불려진다. 두보의 시 〈세병마〉에서 따온 만하와 세병이란 이름에는 은하수 물을 끌어와 갑옷과 무기를 씻어 영원히 사용하지 않게 되기를 바라는 평화의 염원이 깃들어 있다.

두보는 당나라 현종 때 안녹산과 사사명이 일으킨 '안사의 난' 당시 반란군의 포로가 되기도 했고 현종의 이민족 국가들에 대한 침략전쟁이 불

평화의 상징 세병관. ⓒ이상희

러 온 전쟁의 참극을 직접 보고 겪은 사람이었다. 두보의 평화에 대한 바람이 그토록 간절했던 것은 그 때문이다. 그래서 세병관에서 은하수 물로 무기를 씻는 뜻은 전쟁을 준비하기 위함이 아니다. 전쟁을 영원히 끝내기 위함이다. 임진왜란이란 참혹한 전쟁을 겪었던 이 땅 백성들의 평화를 바라는 열망이 이 건물에 고스란히 담겨져 있는 것이다.

세병관이 단지 전쟁을 준비하는 곳이었다면 후대인 우리가 일부러 찾아봐야 할 이유가 없을지도 모른다. 군사령부 건물이면서도 그토록 간절히 평화를 기원하던 곳이라니! 세상 천지에 이런 평화의 염원을 가득 담은 군사시설이 어디에 또 있을까. 이 얼마나 아름다운 장소인가.

그러므로 한산해전의 전승지 통영에 와서 사람들이 배워야 할 것은 호전의식이나 숭무의식 따위가 아니다. 평화를 바라고 평화를 지키려는 그 숭고한 평화의식이다. 통제영 복원 공사에 만하정 복원이 포함되어 있는지 모르겠다. 만약 포함되어 있지 않다면 선조들이 염원했던 평화의식을 기리는 뜻에서 반드시 복원됐으면 싶다. 만하정이 있어야 비로소 평화를 염원하는 세병관의 뜻이 완성되는 것이다.

세병관 출입구에는 지과문止戈門이란 현판이 걸려 있다. 이 또한 얼마나 의미심장한 현판인가. 창을 거두는 문이라니. 무기를 쌓아 전쟁을 준비하는 곳이 아니라 무기를 거두는 문이라니! 세병관만큼이나 절절한 평화의 염원을 담고 있는 이름이 아니겠는가. 그러므로 다시 한 번 강조하지만 세병관은 결코 전쟁을 기리는 곳이 아니다. 평화를 염원하는 평화

훈련장인 것이다!

　세병관 천장의 들보, 기둥과 마루 들은 이곳을 거쳐 간 사람들의 체취와 행적과 말과 울음소리까지도 기억하고 있을 것이다. 가만히 기둥에 귀를 대고 귀 기울여 보라. 역사의 소리가 들리기 시작할 터이니.

　그런데 박경리 선생은 이 건물을 무섭다 했었다. 선생의 소설《김약국의 딸들》에서는 '세병관 건물 아름드리 기둥에는 옛날 비자婢子를 잡아넣었다는 전설이 있어 밤이면 귀신이 난다 해서 이 근방 사람들은 피한다'고 했다. 비자는 여종을 말한다. 세병관 기둥을 세울 때 철립 쓴 비구니를 넣었다는 전설의 변형인 듯하다. 비구니든 여종이든 억울하게 죽어간 원혼이라면 어찌 기둥 밑을 떠날 수 있을까. 가만히 귀 기울여 보면 그 서러운 울음소리 들리는 듯하다.

통영 가구 사려고 계까지 들었던 선비들

　또 하나 통제영에서 빼놓을 수 없는 것이 12공방이다. 통영이 예향으로 이름을 떨치게 된 근원에는 통제영 12공방이 있기 때문이다. 통제영은 역사에서 사라진 지 오래지만 12공방에서 비롯된 나전칠기 등 통영의 공예는 지금까지 이어져 오고 있다.

　12공방은 삼도수군통제영 안에서 군수품과 진상품을 조달하던 작업장이었다. 전국적인 명성을 얻어온 나전칠기나 통영 소반, 통영 갓 등 통영 공예품의 역사는 12공방에서 비롯되었다. 12공방에서 시작된 통영의 공예품들은 통제영 밖에서 개인들이 운영하는 사방의 발전을 추동했고 그로 인해 통영은 전국적인 명품 공예의 산지가 됐다.

조선시대 한양을 제외하고 가장 많은 장인이 활동하던 지방이 통영이었다고 한다. 선비들은 통영 소목장이 만든 가구를 갖기 위해 계모임까지 만들 정도였고 통영 자개는 규방의 여인들이 선망하던 최고의 사치품이었다.

12공방은 삼도수군통제영 본영이 통영으로 옮겨온 뒤 통제사가 전국의 장인들을 불러모으면서 형성됐다. 12공방이라 해서 곡 12개의 공방만 있었다는 뜻은 아니다. 열두 달, 열두 시간, 십이지신처럼 12라는 숫자는 온전함, 완전함을 상징한다. 그래서 12공방이란 통제영에 필요한 모든 물품을 만들어 내는 수많은 공방을 통칭해서 일컫는 말이다. 특히 영·정조 시대가 12공방의 전성기였다. 이 시기에는 경상도뿐만 아니라 전라도 지역의 많은 장인들도 통영에 들어와 정착했다. 통영은 일찍부터 활발한 문화 교류의 장이었다.

12공방 안에는 상하 칠방나전칠기, 소목방가구, 문방구, 동개방활·화살 제조, 야장방철물주조, 화자방신발, 안자방말안장, 총방망건·탕건 등, 입자방갓, 화원방지도·장식화, 은방금은세공, 선자방부채, 주석방장석, 상자방고리, 주피방가죽제품 등 많은 공방들이 있었다. 이들 공방에서는 통제영에 필요한 물품만이 아니라 왕실에게 올릴 진상품들도 생산해 냈다. 12공방의 공예품들은 그 정교한 솜씨로 인해 조선뿐만 아니라 중국, 일본에까지도 명성이 높았다고 한다.

박경리 선생은 통영문화가 번성한 이유를 소설 《김약국의 딸들》에서 아주 시적으로 표현한 바 있다.

> 대부분의 남자들이 바다에 나가서 생선 배나 찔러 먹고 사는 이 고장의 조야하고 거친 풍토 속에서 그처럼 섬세하고 탐미적인 수공업이 발달되었다는 것은 좀 이상한 일이다. 바닷빛이 고운 탓이었는지도 모른다. 노오란 유자가 무르익고 타는 듯 붉은 동백꽃이 피는 청명한 기후 탓이었는지도 모른다.

박경리 선생이 통영 공예품 발달의 뿌리가 12공방에 있다는 사실을 몰랐을 리가 없다. 선생은 그것을 더 신화적으로 묘사하고 싶었던 것이 아닐까. 박경리 선생이 자신의 소설들에서 통영 수공업의 번영에 대해 언급하고 있듯이 통영은 12공방의 영향으로 조선시대에도 양반 문화보다는 수공업을 하는 장인이나 공예품과 수산물 등을 거래하는 상인 문화가 번성했다.

다른 지역보다 봉건제도가 일찍 무너져 신분 차별도 적었다. 일종의 '중인' 해방구였다. 항구가 번성하고 상업이 활발하니 주민들의 기질도 개방적이었다. 통영에는 하동이나 사천에 등지에 땅을 가진 전통 지주층

세병관은 장대석기단에 위로 갈수록 기둥 두께가 작아져 시각적 안정감을 주는
민흘림기둥 50개를 세우고, 벽체나 창호 없이 통 칸으로 만든 건물이다.
ⓒ이상희

도 있었지만 그들보다는 어장을 해서 큰돈을 벌어들인 어장아비선주들이 상업 활동에 더욱 적극적이었다. 일찍부터 자체적으로 자본주의 맹아가 싹트기 시작한 것이다. 전하는 이야기에는 타지의 몰락한 양반들이 통영에 올 때면 통영 입구 원문 고개에서 갓을 벗어 나무에 걸어 놓고 들어왔다고 한다. 통영에서는 양반 행세 해봤자 별 이득이 없기에 그랬던 것이다.

1914년에 극장이 생긴 통영

통영은 서양의 문화를 가장 일찍 받아들인 고장들 중 하나다. 개항장이었던 마산과 함께 경남 도내에서 가장 먼저 극장이 생긴 곳이 통영이었다. 1914년에 이미 '봉래좌'란 이름의 극장이 생겼다. 1930년대에는 통영에 영화사까지 있었다. 통영삼광영화사대표 염홍근에서는 1930년 카프 진영의 김유영 감독 작품 〈화륜〉을 제작했고, 1931년에는 이구영 감독의 〈갈대꽃〉을 제작하기도 했으니 당시 통영 문화의 수준이 경성에 못지않았음을 짐작할 수 있다.

12공방 장인들로부터 이어져 온 예술적 전통과 통영의 개방적인 풍토가 근대에 와서도 통영 문화 발전의 밑거름이 된 것이 아닐까 싶다. 또 그것이 윤이상, 유치환, 김상옥, 박경리, 전혁림, 김춘수 등 수많은 예술

가들을 길러낸 배경이기도 했을 것이다. 하지만 90년을 이어온 봉래봉래
좌극장은 2005년 9월, 철거되고 지금 그 자리에는 공영주차장이 들어서
있다. 일본인들에 의해 세워진 극장이긴 했지만 한 세기 가까이 통영 시
민들과 함께해 온 극장이 허망하게 사라져버린 것이다. 참으로 안타까운
일이다. 나는 봉래극장 건물이 그 지경에 이르게 된 경위를 자세히 알지
못한다. 하지만 전국의 수많은 영화인과 영화팬들을 불러 모을 수 있는
근대문화유산을 철거해버리고 주차장을 만든 것이 결코 현명한 선택은
아니었다고 생각한다.

Tongyoung

5. 사람의 길이 사람을 만든다!

**내내 청보석의
바다를 보며 걷는
해 안 길**

::::::

평지가 드문 통영에서 삼칭이 해안길은 더없이 걷기 좋은 평탄한 길이다. 해안 침식을 막기 위해 쌓은 제방에 길을 낸 것이 통영 최고의 해변길이 됐다. 마리나리조트에서 영운리까지 4km를 내내 바다만 보며 편안히 걸을 수 있다. 이 길은 자전거 도로로 만들어진 까닭에 시멘트 포장을 했다. 흙길이 아니라 조금 아쉽지만 시리도록 푸른 청보석의 바다는 그런 아쉬움쯤 잊게 해주기에 충분하다. 무엇보다 자동차가 다니지 않으니 안전하게 걸을 수 있어서 좋다. 모처럼 삼칭이길을 걷는다. 오늘은 이 길에 자전거보다 걷는 사람이 더 많다.

삼칭이란 이름은 삼천진에서 유래했다. 조선시대에는 이 길의 끝자락 마을인 영운리에 삼도수군통제영 수군의 주둔지인 삼천진이 있었다. 진

삼칭이길은 자전거길로 만들어졌지만 걷기에도 더없이 좋다. ⓒ강제윤

장은 종9품의 권관權管이었다. 권관이란 조선시대 변경지방 진관鎭管의 최하 단위인 진보鎭堡에 두었던 종9품의 수장守將이다. 삼천진은 본래 삼천포에 있었으나 1619년광해군 11년 영운리로 옮겨 오며 삼천진이란 이름도 함께 가져왔다. 과거에는 진이 옮겨 가면 이름도 옮겨 갔다. 선유도에 있던 군산진이 옮겨 가면서 군산이란 이름도 따라갔고, 경기도 남양에 있던 영종진이 지금의 영종도로 옮겨 가면서 이름도 따라갔다. 삼천포란 이름은 고려시대 개경에서 뱃길로 삼천 리 거리라 해서 붙여진 이름이다.

긴 생머리의 소녀 셋이 마리나리조트까지 자전거를 타고 갔다가 되돌아온다. 아마 자전거를 빌려 시간이 다할 때까지 길을 오가며 노는 듯하다. 육상에서 싱그러운 소녀들이 바람을 가르는 동안 바다에서는 흰 돛을 올린 요트들이 바람에 밀려간다. 여객선은 먼 바다 섬으로 떠나고 조업 나갔던 어선들은 서둘러 포구로 돌아온다. 통영 공설해수욕장 부근 벤치에서는 청년 둘, 기타를 퉁기며 노래 연습에 한창이다. 사내들 몇은 낚싯대를 던지고 물고기를 잡아 올린다.

바닷물은 맑고 푸르고 투명하다. 파래와 돌김, 잘피 들까지 물속의 무성한 초원이 다 드러난다. 초원에 풀을 뜯으러 나온 물고기들 머리 위로 소방헬기 한 대 굉음을 내며 한산도 방향으로 쏜살같이 날아가고 놀란 물고기들은 물풀 속으로 재빨리 몸을 숨긴다.

병사들의
영혼들을
천도하던
마을 수륙리

::::::

주인과 함께 산책을 나온 복슬 강아지 한 마리는 길을 가다 말고 딴전을 피운다. 태어난 지 45일밖에 안 된 신생의 강아지. 어린 생명의 기운으로 이 길도 더욱 생명력 넘친다. 공설해수욕장 부근 길가와 모래밭에서는 부모 손을 잡고 나온 아이들이 연을 날린다. 연을 처음 날려 보는지 아이들은 자꾸 연을 떨어뜨린다. 아이들의 삶도 그러할 것이다. 높이 날아오르다 추락하고 다시 날아오르고 다시 추락하길 반복하며 점점 더 멀리 날아오르게 될 것이다.

길가에는 쓰레기를 버리지 말라는 입간판이 서 있다. 통영시 명예시민이자 홍보대사인 영화배우 성룡이 쓰레기 봉지를 들고 웃으며 당부한다.

"쓰레기를 효과적으로 줍는 방법은 버리지 않는 것입니다."

그런데 저 사진을 찍은 성룡은 자신이 통영시 홍보대사라는 사실을 기억이나 하고 있을까. 그렇거나 말거나, 어떻든 성룡의 당부는 잘 지켜지지 않는 듯싶다. 해안가로 밀려온 부표며 페트병 같은 바다 쓰레기들이 자주 눈에 띈다. 통영 공설해수욕장은 해수욕장이라 이름하기에 초라할 정도로 작은 해변이다. 그래도 이 마을에는 펜션들이 많다. 여름철에 제법 떠들썩할 것이다.

충북 번호판을 단 대형버스 옆에서는 술판이 벌어졌다. 고등학교 동창생들은 낮술에 거나하게 취해 구호를 외치다, 노래를 부르다, 고래고래

소리를 지르다 가뭇없는 한 시절을 흘려보낸다. 술판 옆에는 멍게 작업용 바지선이 떠 있다. 양식장에서 수확해 온 멍게를 모아 놓고 선별하는 일손이 바쁘다. 어선 한 척은 일꾼들을 싣고 멍게를 수확하기 위해 양식장으로 떠난다. 이주노동자 일꾼들이 난간도 없는 바지선에 위태롭게 서 있다. 통영은 봄부터 여름까지 내내 멍게 세상이다.

산 밑 주차장 옆에는 산으로 간 배 한 척 자동차들과 나란히 정박해 있다. 자전거 도로답게 자전거 대여점도 몇 곳 눈에 띈다. 1인용, 2인용, 자전거 마차까지 종류도 다양하다. 걷기도 좋고 자전거 타기도 좋고 무엇이든 다 좋은 날이다.

공설해수욕장 있는 이 마을은 수륙리다. 삼도수군통제영 시대 죽은 군인들의 원혼을 달래는 수륙제를 행하던 장소라 해서 수륙리란 이름을 얻었다. 이 바다는 얼마나 많은 영혼들의 거처인가. 임진왜란으로 죽은 수천, 수만 적敵과 아我의 영혼들, 무고한 백성들의 영혼. 전쟁이 끝난 뒤에도 훈련 중 많은 수군이 목숨을 잃었으리라. 전복 따위 해산물 공납을 관청에 바치기 위해 물질하다 숨을 거둔 원혼 또한 부지기수이리라. 억울하거나 죽어 마땅하거나 무관하게, 아무튼 원귀가 된 영혼들을 위로하고 천도하던 곳 수륙리. 그 원혼들의 바다가 오늘은 더없이 평화롭고 무심하고 푸르기만 하다.

본래 수륙재란 수륙물과 육지에서 헤매는 외로운 영혼과 아귀를 달래고 위로하기 위해 불법을 강설하고 음식을 공양供養하는 불교의식이다. 수륙

바닷물은 맑고 푸르고 투명하다.
파래와 돌김, 잘피 들까지 물속의 무성한 초원이 다 드러난다.
ⓒ강제윤

도량水陸道場 혹은 수륙법회라고도 한다. 수륙재를 지내면 떠돌던 넋들이 불보살의 가피를 받아 극락으로 천도된다고 믿어진다. 수륙재는 독실한 불교 신자였던 중국 양나라 무제武帝. 464~549년, 달마대사에게 불법을 묻던 그 양나라 황제인 무제에 의해서 시작되었다. 무제는 떠도는 넋들을 구제함이 제일 가는 공덕이라 생각하고 수륙재를 지냈다.

이 땅에서 처음 수륙재가 거행된 것은 고려 광종 2년970년, 갈양사葛陽寺에 개설된 수륙도량에서다. 억불숭유 정책을 취했던 조선시대에도 초기에는 국가행사로 수륙재를 거행했다. 하지만 중종 때에 유생들의 강력한 반대에 부딪혀 국가행사로 거행되는 것이 금지됐다. 이후 민간에서만 전승되어 오늘에 이르렀다.

동백은 두 번 핀다

삼칭이길은 종현산188m이라는 아주 나지막한 산 둘레를 돌아간다. 바다에서 바라보면 거대한 종鐘을 하늘에 매달아 놓은 것처럼 생겼다 해서 붙여진 산 이름이다. 길가 산 밑자락 동백나무에는 동백이 절정으로 치닫고 있다. 동백은 나무에도 피었고 땅에도 피었다. 동백은 두 번 핀다. 살아서 한 번 죽어서 한 번. 절정의 순간 목을 던지고 통으로 떨어지는 동백은 떨어진 뒤에도 삼사일 동안은 변함없이 붉다.

살아서보다 죽어서 더 붉게 피어나는 꽃. 동백은 잎에 비해 꽃이 작아 나무에 피었을 때는 그 존재감이 잘 드러나지 않는다. 하지만 땅에 떨어진 뒤에는 그 색과 자태를 확연히 드러낸다. 붉은 꽃송이가 더욱 꽃답다. 동백이 목숨을 던진 뒤에도 죽지 않는 것은 생에 대한 애착이 많아서가 아니다. 생에 대한 미련이 없어서다. 생사에 무심하니 죽어서도 죽지 않고 저토록 붉은 것이다.

이 길에서는 지상만이 아니라 바다에도 꽃이 피었다. 바위꽃! 수중의 바위도 온통 녹색의 꽃을 피워 올렸다. 봄은 산과 들만이 아니라 바다에서도 오는 것이다. 저 바위에 붙은 연두색 파래들은 나무의 연둣빛 새순처럼 아득하고 아련하다. 어떤 바위에 붙어 늘어진 파래는 바위의 머리카락처럼 보인다. 그것은 마치 바위가 스스로 죽은 존재가 아니라는 것을 항변하는 것 같다.

"보아라. 내 머리에도 새 머리카락이 돋아나지 않느냐! 그러므로 나는 살아 있는 존재다!"

바위의 자기선언. 봄이면 무생물마저도, 만물은 저렇듯 자신의 실존을 드러내기 위한 몸부림으로 온통 안간힘이다.

한참을 생각에 몰두해 걷는데 갑자기 "따르릉 따르릉!" 자전거 벨이 울린다. 꼬마 아가씨가 길을 비켜 달라고 신호를 보낸 것이다. 오늘 이 길에는 어른보다 자전거를 타는 아이들이 더 많다. 이보다 더 많아져야 하지 않겠는가! 자동차의 위협으로부터 안전한 길. 사람을 배려하는 길.

이런 사람의 길이 더 많아질 때 우리의 아이들도 더 인간답게 자라날 것이다. 그렇게 성장한 아이들은 어른이 되어 자동차를 가지게 된다 하더라도 지금의 어른들처럼 사람의 생명을 가볍게 여기는 난폭 운전을 일삼지는 않을 것이다. 야만의 길은 야만을 만들고 사람의 길은 사람을 만든다!

사 랑 도
하 염 없 다 　　등대 유료 낚시터를 지나자 멀찍이 사람의 형상을 한 바위가 길가에 우뚝 서 있다. 무슨 전설이라도 들어 있음직하나 나는 그 이야기를 알아내지 못했다. 사람 형상의 바위를 돌아서자 거대한 절벽이 하늘을 향해 치솟아 올라 있다. 절벽에는 동굴이 하나 있다. 동굴은 깊지 않지만 넓다. 수십 명 비를 피하고도 남을 만한 넓이다. 필시 파도가 만든 동굴이리라.

　동굴 안에는 조금 전까지 치성을 드리다 간 흔적이 역력하다. 촛불이 4개나 켜져 있고 제단도 있다. 무당들의 기도처인 듯하다. 민간 신앙의 성소인 것이다. 지나가던 노인에게 물으니 '무당들이 손 비비는 곳'이라 알려준다. 잘 봐달라고 '용왕 멕이고 용왕한테 손 비비며 비는 곳'이란다. 굴 입구에는 떨어진 돌들이 뒹굴고 낙석주의 안내판과 출입금지 금줄이 쳐져 있는데, 목숨을 걸고라도 빌어야 할 기원이란 또 얼마나 간절한 기원일 것인가.

  굴이 있는 길을 돌아서자 작은 바위섬 세 개가 명승의 풍경을 연출한다. 둘은 바다에 있고 하나는 도로가 나면서 뭍으로 편입되어 버렸다. 이 바위들이 삼칭이 마을의 복바위다. 바위에는 애절한 전설이 깃들어 있다. 옥황상제의 근위병 셋이 선녀 셋과 지상에 내려와 몰래 사랑을 나누다 들켰다. 성난 옥황상제는 불벼락을 내려 그들을 바위로 만들어 버렸다. 천상천하 온 우주의 주인 옥황상제마저도 질투에 눈이 멀어 사리분별을 잃게 하는 것이 사랑인가. 오늘 나그네는 삼칭이 해안길 끝자락에서 하염없다. 하늘도 하염없고 바다도 하염없고 마침내 사랑도 하염없다.

'왜군의 혼을 떠받들기 위해 판'
통영 해저터널

**미륵도,
운하를 판 뒤
섬이 되다**

오늘도 나는 동피랑 작업실을 나서 해저터널로 간다. 강구안 해변을 지나면 통영여객선터미널 앞부터 해저터널 입구까지는 해변 산책로가 만들어져 있다. 오늘은 미륵도에 있는 통영도서관에 다니러 가는 길이다. 늘 그렇듯이 도서관에서 책을 빌린 뒤 나는 다시 해저터널을 지나 동피랑으로 돌아갈 것이다. 바다 아래로 뚫린 터널을 빠져나가면 미륵도다. 미륵도는 산양읍과 미수동, 도천동 등의 마을이 있는 큰 섬이다.

해저터널 위를 흐르는 좁은 해협은 통영운하다. 통영의 야경은 아름답기로 소문이 자자하다. 통영 야경의 명성은 상당 부분이 통영운하에서 비롯된다. 미륵도와 통영을 잇는 통영대교와 충무교 두 다리 아래의 바다가 통영운하다. 여행자가 밤에 통영운하를 보고 있으면 어느 먼 이국 땅에 온 듯한 노스탤지어를 갖게 되는데 그것은 마력이라 할 만큼 강렬하다.

오랜 옛날 통영반도와 미륵도는 하나로 이어진 땅이었다. 미륵도는 섬이 아니라 육지였다. 그런데 배가 드나들 수 있는 수로를 만들기 위해 미륵도와 통영 사이의 좁은 목을 파냈다. 그래서 미륵도는 섬이 되었다. 안면도와 같은 경우다. 안면도는 본래 육지였는데 조선 인조임금 때 세곡선이 한양으로 가는 지름길을 만들기 위해 운하를 팠다. 그래서 안면도 또한 섬이 되었다.

고려 말 왜구가 통영운하를 따라다니며 노략질을 일삼자 운하를 막아버렸고 미륵도는 다시 육지가 되었다. 그 후 임진왜란 당시에 이순신 장군에게 쫓기던 왜군 함대가 도망갈 길을 찾다가 야음을 틈타 좁은 목을 파고 물길을 뚫어 달아났다고 전한다. 그래서 물길을 뚫은 곳을 판데목 혹은 폰데목이라 한다는 것이다.

하지만 왜군이 운하를 다시 팠다는 이야기는 터무니없는 전설이다. 이순신 함대에게 쫓기던 급박한 상황에서 왜군이 운하를 팔 만한 여유가 어디 있었겠는가. 임진왜란 이전에도 판데목이란 지명이 있었다. 사실이 아닐 것이 분명하다. 사실이라고 믿을 근거도 전혀 없다. 후대에 만들어진 전설이다. 아무튼 이 운하의 폭이 넓어진 것은 일제 하에서 새롭게 공사를 한 뒤부터였다.

해저터널은 통영 여행자들의 필수 코스가 된 지 오래다. 해저터널을 찾아온 사람들 중에는 더러 그냥 육지의 터널이랑 차이가 없다며 불평을 늘어놓는 이들도 있다. 해저터널이라 하니 바닷속 물고기들 모습이라도 볼 수 있으려니 상상하고 왔던 모양이다. 해저터널은 그저 바다 밑으로 난 길이지 아쿠아리움aquarium이 아니다. 그런 사람들에게 나는 되묻곤 한다. 육지의 산속으로 난 터널에 가면 산이 보이나? 나무와 꽃과 숲이 보이나?

해저터널은 1931년 7월 26일 착공하여 1년 4개월 만인 1932년 11월 20일 완공됐다. 길이 438m, 동양 최초의 해저터널이다. 용문달양龍門達陽. 해저터널의 양쪽 입구의 현판 글귀다. 일제 강점기 당시 통영읍장이었고 해저터널 건설을 주창했던 야마구찌 세이가 지은 글귀를 타까시마 주우타가 쓴 것이라 한다. '용문을 지나면 밝은 세상이 나온다'는 뜻인데 용궁인 해저를 통과하며 산양미륵도의 산양면에 이르니 그 뜻은 그럴듯하다.

그런데 나는 여기서 한 의문에 봉착한다. 어째서 일제는 해저터널을 파기로 한 것일까. 그 당시에도 미륵도와 통영 사이에는 나무나 돌로 된 다리가 있었다. 그것들을 대체하고 새로운 다리를 건설하면 될 터인데 굳이 해저터널을 판 이유는 무엇일까. 물론 동양 최초 해저터널이라는 수식에서도 알 수 있듯이 일제가 토목 기술력을 과시하거나 군사적 목적으로 만들었을 수도 있다. 하지만 그보다 더 설득력 있어 보이는 것은 야담 쪽이다.

해저터널 속으로 들어가면 다른 세상이 나올 것만 같다. ⓒ강제윤

해저터널 부근 바다는 임진왜란 당시 왜적들이 수없이 빠져 죽은 곳이다. 일제는 이곳에 다리를 놓게 되면 그들 조상들의 영혼을 밟고 다니게 되는 형국이기 때문에 터널을 파기로 했다 한다. 터널을 파고 바다 밑으로 다니면 오히려 자기 조상들의 영혼을 받들고 다니는 모양새가 되는 까닭에 다리를 놓지 않고 터널을 팠다는 것이다. 확인할 방법이 없지만 충분히 가능한 이야기가 아니겠는가. 물론 앞서의 이유들과 이 이유가 뒤섞인 복합적인 이유로 팠을 수도 있다. 어느 쪽이든 설득력이 있다.

저승길 같은 해저터널

박경리의 소설 《김약국의 딸들》에도 해저터널에 대한 묘사가 나온다.

남쪽 바닷가, 통영읍에서 서편으로 빠져나간 곳에 해저터널은 있었다. 저승길 같은 그곳을 지나갈 때 노인들은 소리 내어 염불을 했다. 해조음이었는지 억겁 피안에서 업을 전하는 사자의 목소리였는지 임진왜란 때 그 목에서 몰살을 당했다는 왜병들 원혼의 신음이었는지, 바다 밑의 울림소리를 헤치고 밖으로 나오면 한려간의 가장 좁은 수로를 볼 수 있었다.

길이란 의미를 알고 걸으면 의미가 새롭다. 현재 이 터널은 자동차의 통행이 금지되어 있다. 하지만 사람과 자전거는 다닐 수 있다. 역사유물이면서 여전히 생활의 길인 것이다. 관광객뿐만이 아니다. 해저터널을 지나 학교를 오가는 아이들도 있고 직장을 오가는 사람들, 산책이나 운동을 나온 주민들도 많다.

오늘도 한 아주머니는 터널을 몇 번씩 오가면서 걷기 운동을 한다. 한여름에는 더위를 피하기도 안성맞춤이다. 자전거를 타고 출퇴근하는 직장인들에게는 시간을 아낄 수 있는 지름길이다. 아이들도 더러 자전거를 타고 등하교하기도 한다. 오늘도 나는 해저터널을 지나 도서관으로 가지만 실상 온갖 이야기들이 깃들어 있는 이 해저터널 같은 것이야말로 진정 살아있는 도서관이 아니겠는가!

Tongyoung

궁궐 반찬은 줄어도
은혜는 골수까지 흠뻑 배였다

통영의 김만덕,
월성정씨 부인

산양읍 삼거리 식당에서 담근 막걸리 몇 병을 사 들고 통영시내로 나가기 전에 잠시 들러 찾아야 할 비석이 하나 있다. 진즉부터 찾았지만 번번이 놓치고 말았다. 미수 1동과 산양읍 세포의 경계가 원래는 고개였다. 지금은 도로가 뚫리고 평탄해져 고개라고 이름 하기도 어렵지만 그곳이 '가는이' 고개였다. 그 고갯마루 어디쯤 있다고 했다. 고개는 통제영과 당포의 만호영을 잇는 고갯길이었는데 인가와 멀리 떨어진 외딴 산길이라 도둑떼가 출몰하고 밤에는 귀신이 나타나는 등 무서운 곳으로 소문나 있었다. 하지만 지금은 그 옛이야기가 서렸던 흔적조차 없다.

어디 있을까. 한참을 헤매다 드디어 찾아냈다. 저렇게 숨어 있으니 찾기가 어려웠겠지. 비석은 세포 버스정류장 바로 뒤에 옹색하게 서 있다.

이정표 하나 없어 언뜻 찾기 어렵지만 이 오래된 비석은 통영 역사에서 결코 빼놓을 수 없는 소중한 유물이다.

대체로 통영의 역사, 통영의 유적들은 관의 역사다. 삼도수군통제영의 역사다. 이 역사 유적, 유물들 틈에서 통영성 밖에 살던 민중들의 역사는 찾아보기 힘들다. 그러나 이 비석은 당시 민중들의 생활상을 적나라하게 보여주는 귀중한 유물이다. 진정한 민중의 문화재다. 하지만 이 비석은 통제영 지배층의 유물들과는 달리 보물이나 문화재로 보호받지 못하고 있다. 안타까운 일이다. 유인월성정씨영세불망비는 정씨 부인의 업적을 찬양한다! 이 비석은 1838년 지역 주민들이 세웠고 비문은 탁치결卓致缺이 지었다.

사적을 우러러 사모하니

슬프도다! 정씨부인이여

임금님께 아뢰어서

해도 사람 전복 진상이 면제되었다.

궁궐 안에 반찬은 줄어들어도

은혜는 주민들의 골수까지 흠뻑 배었다.

오로지 비를 세워 표창하니

역사에 오래도록 전수하리라.

사연은 이렇다. 1776년 통영 사람 탁성찬의 아내 월성정씨 부인은 삼도수군통제사의 통제 밖에 있던 용동궁 도장 무리의 지나친 수탈에 시달리는 바닷가와 섬 주민을 돕기 위해 행동에 나섰다. 사재를 털어 제주 도민의 기근을 구제했던 제주의 김만덕 할머니보다 훨씬 앞선 일이다. 칠십 고령이었지만 정씨부인은 아들 봉익과 함께 천리길을 걸어 한양까지 갔다. 임금 행차 앞에 징을 쳐서 호소했다. 그 덕에 이 지역 어민들은 전복 진상을 면제받게 됐다. 1776년이면 정조 즉위년이다.

당시 전복을 따서 공물로 바치는 일은 통영뿐만 아니라 이 땅의 섬과 바닷가 백성들에게는 이루 말할 수 없는 고통이었다. 전복을 제때에 바치지 못하면 붙들려 가 매를 맞는 일도 다반사였다. 영조 때 제주도에 귀양 갔던 조관빈[1691~1757]이 전복 진상 때문에 고통받는 해녀들을 보며 썼던 《잠녀설》은 당시의 상황을 생생하게 전달한다.

> 해녀들은 추위를 무릅쓰고 이 바닷가 저 바닷가에서 잠수하여 전복을 따는데 자주 잡다 보니 전복도 적어져 공물로 바칠 양이 차지 않는다. 그런 때는 관청에 불려들여져 매를 맞는다. 심한 경우는 부모도 붙잡혀서 질곡당하여 신음하고 남편도 매를 맞으며 해녀에게 부과된 수량을 모두 납부하기까지는 용서받지 못한다.

통영의 해도민들 또한 다르지 않았을 것이다. 용동궁은 본디 조선 명

통영 세포고개의 유인월성정씨영세불망비. ⓒ강제윤

종의 아들 순회 세자順懷世子가 명종 12년1557에 세자로 책봉되어 살았던 궁인데 순회 세자가 12세에 요절하자 이 궁은 세자빈 공회빈의 속궁이 되었다. 후에는 정조의 어머니인 혜경궁 홍씨, 조대비의 속궁으로 이어졌다. 1776년이면 혜경궁 홍씨의 속궁이었다. 통영에서는 이방수李邦綬 통제사 때다.

도장導掌은 조선 후기 왕실 직속 궁방전宮房田의 조세 징수 청부인 또는 관리 운영인이었다. 이들의 중간 수탈이 사회문제가 되자 1776년정조 즉위에는 토지소유권 없이 조세만을 걷던 궁방전의 조세를 호조에서 직접 걷도록 했으며 이들 조세 청부인의 파견을 금지하는 조치가 내려지기도 했다. 이런 조치는 혹 월성정씨 부인의 공덕으로 취해진 것은 아니었을까. 하지만 이러한 폐단이 쉽게 사라질 리 없었다. 제주와 통영을 비롯한 해도민들의 고통은 조선 왕조가 끝날 때까지도 이어졌다.

온통 이순신만 기억하는 통영

유인월성정씨영세불망비 비문의 내용은 간략하지만 그 의미는 간단하지가 않다. 백성들은 용동궁 도장들의 행패와 수탈을 막아 달라고 통제영 통제사에게 호소해 봐도 소용이 없었을 것이다. 용동궁은 통제영 관할 밖이었고 통제사들 또한 왕실의 눈치를 봤을 것이다. 그래서 결국 칠순의 노인이 그 시절 한양까지 걸어간 것이 아니겠는가. 죽음을 각오한 길이었을 것이다. 정씨 부인도 전복을 진상해야 하는 집안의 사람이었는지 그 신분은 확실치 않다. 하지만 그것이 무어 그리 중요하랴. 고령의 노인이 젊은 남자들도 감히 할 수 없는 일을 했다는 것이야말로 진실로 대단한 일이 아니겠는가. 그것은 어미의 마음이었을 것이다. 월성정씨 부인이야말로 통영의 영웅이다. 통제영 시절 통영을 대표하는 여성이다.

하지만 다시 통영 땅으로 돌아온 정씨 부인의 삶은 평탄할 수 없었다고 전한다. 지방 아전과 용동궁 도장 무리들의 보복은 불을 보듯 환한 일이다. 정씨 부인은 고달픈 삶을 살다 생을 하직했다. 가는이 고개의 귀신 전설이 그 단면을 보여준다. 정씨부인 사후 가는이 고개에는 달 밝은 밤이면 소복을 입은 귀신이 나타났다. 고갯길을 지나는 길손들에게 "네 오데 가노." 하며 말을 붙였고 사람들은 혼비백산하여 달아났고 밤이면 그 길을 넘길 두려워했다 한다. 마을 사람들이 죽은 정씨 부인이 한 때문에 귀신이 되어 나타난다 생각하고 영세불망비를 세워 혼백을 위로해 주자 다시는 나타나지 않았다고 전한다.

통영은 온통 이순신 장군만 기억한다. 한편으로는 당연하지만 또 한편으로는 아쉬운 일이다. 이제라도 월성정씨 부인 같은 의로운 통영의 다른 영웅들을 기리는 일도 함께해야 하지 않겠는가. 방치되다시피 버려진 월성정씨부인의 비석은 당장에 문화재로 지정해 보호해야 마땅하다. 그것이 후손된 도리고 사람의 도리가 아니겠는가.